John D'Agata e Jim Fingal

A vida curta de um fato

Curitiba
2022

Arte e Letra
coordenação THIAGO TIZZOT
tradução IRINÊO BAPTISTA NETTO
capa, projeto gráfico e diagramação FREDE TIZZOT

PUCPRESS
coordenação MICHELE MARCOS DE OLIVEIRA
edição SUSAN CRISTINE TREVISANI DOS REIS
edição de arte RAFAEL MATTA CARNASCIALI
preparação de texto JULIANA ALMEIDA COLPANI FEREZIN

Título original: *The Lifespan of a Fact*
2012, W. W. Norton & Company. Tradução autorizada.

Direitos para a edição brasileira
©2022, John D'Agata e Jim Fingal
2022, PUCPRESS, Arte & Letra

Este livro, na totalidade ou em parte, não pode ser reproduzido por qualquer meio sem autorização expressa por escrito da editora.

D999v
2022
D'Agata, John
A vida curta de um fato / John D'Agata, Jim Fingal ; tradutor: Irinêo Frare Baptista Netto. – Curitiba : PUCPRESS : Arte e Letra, 2022.
268 p. ; 21 cm.

Tradução de: The lifespan of a fact
ISBN: 978-65-87802-89-3 (PUCPRESS)
978-65-87802-88-6 (e-book PUCPRESS)
978-65-87603-25-4 (Arte & Letra)

1. Não-ficção criativa - Autoria. 2. Ensaio - Autoria. 3. Suicídio. I. Fingal, Jim. II. Título.

21-093 CDD 20. ed. – 808.02

Dados da Catalogação na Publicação
Pontifícia Universidade Católica do Paraná
Sistema Integrado de Bibliotecas – SIBI/PUCPR
Biblioteca Central
Pamela Travassos de Freitas – CRB 9/1960

PUCPR - Pontifícia Universidade Católica do Paraná
reitor IR. ROGÉRIO RENATO MATEUCCI
vice-reitor VIDAL MARTINS
pró-reitora de pesquisa, pós-graduação e inovação
PAULA CRISTINA TREVILATTO

Conselho Editorial
Alex Villas Boas Oliveira Mariano
Aléxei Volaco
Carlos Alberto Engelhorn
Cesar Candiotto
Cilene da Silva Gomes Ribeiro
Cloves Antonio de Amissis Amorim
Eduardo Damião da Silva
Evelyn de Almeida Orlando
Fabiano Borba Vianna
Katya Kozicki
Kung Darh Chi
Léo Peruzzo Jr.
Luis Salvador Petrucci Gnoato
Marcia Carla Pereira Ribeiro
Rafael Rodrigues Guimarães Wollmann
Rodrigo Moraes da Silveira
Ruy Inácio Neiva de Carvalho
Suyanne Tolentino de Souza
Vilmar Rodrigues Moreira

ARTE & LETRA
Rua Desembargador Motta, 2011
CEP 80420-162 – Curitiba / PR
Tel. +55 (41) 3223-5302
www.arteeletra.com.br

PUCPRESS/Editora Universitária Champagnat
Rua Imaculada Conceição, 1155 -
Prédio da Administração - 6º andar
Curitiba / PR - CEP 80215-901 -
Tel. +55 (41) 3271-1701
pucpress@pucpr.br

Palavras verdadeiras não são belas.

Palavras belas não são verdadeiras.
Lao-Tzu

A vida curta de um fato

Mensagem do editor:

Se alguém quiser, tenho aqui uma tarefa divertida. Acabamos de receber um texto inédito de John D'Agata que precisa ser checado, minuciosamente. Parece que ele tomou algumas liberdades, e admitiu isso, mas quero saber até que ponto. Quem estiver disposto a lidar com o material terá de fazer um pente fino, marcando toda e qualquer coisa que conseguir confirmar como verdade, assim como tudo que pareça questionável. Se for preciso, compro um pacote de canetas vermelhas.

Obrigado![1]

---

[1] Nota sobre esta edição:
A vida curta de um fato é uma discussão entre o escritor John D'Agata e o checador Jim Fingal a respeito de um texto elaborado pelo primeiro sobre o suicídio de um adolescente em Las Vegas. Esta edição apresenta o texto de D'Agata submetido à checagem de fatos sempre no alto da página. Na sequência, destaca com negrito cada trecho verificado, seguido de um comentário de Fingal sem negrito. Quando a informação é confirmada pelo checador, ela aparece na mesma fonte do texto original. Quando contestada, a informação aparece com uma fonte diferente. Por vezes há uma troca de mensagens entre Jim e John. Esse diálogo aparece na mesma fonte das informações contestadas e em negrito, com o nome de quem fala no início de cada frase.

1

Em Las Vegas, no mesmo dia em que Levi Presley, de 16 anos, pulou do deque de observação da torre com 350 metros de altura do hotel e cassino Stratosphere, a cidade proibiu temporariamente o *lap dancing* em 34 clubes de *striptease* licenciados em Vegas,

"Em Las Vegas, no mesmo dia em que Levi Presley, de 16 anos..." A idade e o nome do jovem morto podem ser confirmados pelo laudo oficial do médico legista, do dia 13 de julho de 2002.

"...pulou do deque de observação..." Confirmado pelo mesmo laudo do médico legista, explicando que Presley caiu de um "deque de observação" no hotel e cassino Stratosphere.

"...da torre com 350 metros de altura do hotel e cassino Stratosphere..." Nome e altura confirmados no site do Stratosphere.

"...a cidade proibiu temporariamente o *lap dancing*..." Contestável: *The Las Vegas Sun* publicou uma notícia em 12 de julho, o dia anterior à morte de Levi Presley, que fazia referência a uma *possível* proibição do toque em *strippers* exigida em toda a cidade, embora a proibição não estivesse em vigor naquele momento, como relatado por Erin Neff em "*Political Notebook*" [Notas Políticas], *Las Vegas Sun*, 12 de julho de 2002. A afirmação de John aqui é, tecnicamente, imprecisa.

"...em 34 clubes de *striptease* licenciados em Vegas..." Contestável: Não sei de onde John tirou esse número. Consegui encontrar nas suas anotações apenas uma referência ao número de clubes de *striptease* que existem em Las Vegas e ela veio de uma fotocópia de um texto tirado de uma publicação chamada *Adult Industry News*, que é uma *newsletter* para a indústria pornô. Para começo de conversa, a fonte dessa informação é um pouquinho suspeita. Apesar disso, o texto menciona que desde 1995 "o número de clubes de *striptease* [em Las Vegas] deu um salto de três para dezesseis". Mas depois ele também afirma que existem "31 clubes de *topless* ou de nu completo" ("Indústria do sexo em Vegas luta contra repressão do *lap dancing*", por Angie Wagner, *Adult Industry News*, 3 de janeiro de 2003). Mesmo que a gente confie na fonte e nas suas informações contraditórias, a afirmação que John faz de 34 clubes de *striptease* ainda não é sustentada pelo texto. E mesmo que esse número fosse confirmado pelo texto, há ainda o problema de sua reputação, tendo em conta que ele próprio oferece dois números contraditórios. Devo pedir para ele explicar esse número?

Editor: Claro, fale com ele e peça uma ajudinha para localizar os números.

Jim: Oi, John. Eu sou Jim Fingal. Sou o estagiário designado para checar seu artigo sobre Las Vegas e descobri uma pequena discrepância entre o número de clubes de *striptease* em Las Vegas que você cita e o número que é dado nos documentos de apoio. Sou um novato, então tenha paciência comigo. Eu esperava que você pudesse explicar como concluiu que existem 34 clubes de *striptease* na cidade enquanto a fonte que está usando diz 31.

John: Oi, Jim. Acho que talvez tenha havido algum tipo de falha de comunicação porque o "artigo", como você chama, está correto. Ele não deveria passar por um checador. Pelo menos foi esse o combinado com o editor que estava trabalhando comigo. Tomei algumas liberdades aqui e ali no ensaio, mas nenhuma delas vai causar danos. E, na verdade, presumi que todo mundo tinha achado o trabalho legal. Mas também passei para a revista todo o material de pesquisa de modo que as pessoas pudessem conferir o teor das liberdades que tomei. Não sei se vale a pena você fazer a checagem. Fui franco com relação a todas essas "discrepâncias".

Jim: Entendo. Mas acho que é só uma norma da revista fazer a checagem de todos os textos de não ficção que publica. Além disso, é o trabalho para o qual fui chamado, então tenho de fazê-lo. Eu também cheguei a viajar para lá a fim de conferir algumas coisas do ensaio, porque era o casamento do meu amigo e eu sabia que pegaria esse serviço. (Aliás, Penn e Teller mandam um alô!) Eu meio que fiz um investimento nesse trabalho. Mas, na verdade, acho que eles só querem a garantia de que os fatos estão todos corretos, sobretudo considerando que eles são muitos e que suas afirmações soam, às vezes, um pouco inflamadas. (No bom sentido, claro... =)) Você poderia me ajudar com aquele número?

John: Inflamadas?

Jim: Quis dizer de um jeito intrigante e impactante. Escolhi mal a palavra. Desculpe!

John: Tudo bem. Bom, pelo que me lembro, consegui o número contando os clubes de *striptease* que estavam listados nas páginas amarelas na época da morte do Levi. Porém, como aquela edição da lista telefônica já não existia mais quando comecei a escrever o texto, encontrei aquela *newsletter* pornô que passei para a revista de modo que eles pudessem checar minha estimativa.

Jim: Obrigado, John. Você me ajudou muito. Acho que é por isso que existe uma discrepância, porque o número que é mencionado na *newsletter* é diferente do número que você está usando no seu artigo.

John: Bom, isso é porque o ritmo de "trinta e quatro" funciona melhor naquela frase do que o ritmo de "trinta e um", então eu mudei.

Jim: Ah. OK. Obrigado pela ajuda, John. Mais tarde, com certeza, vou escrever para você de novo.

Aceitamos esse argumento?

Editor: A explicação sobre o "ritmo", não. Mas tudo bem com o procedimento que usou para levantar o número. Só tente confirmar nas páginas amarelas se esse número, "trinta e quatro", era correto em 2002.

Jim: Bom, a menos que você queira que eu pegue um voo de volta para Las Vegas a fim de procurar uma cópia das páginas amarelas de

2002, tudo que posso fazer é usar o atual catálogo on-line, que não consegue indicar exatamente a situação dos clubes de *striptease* em 2002. A edição atual diz que existem hoje 29 clubes de *striptease* na cidade. A menos que o número tenha aumentado e depois diminuído de novo, parece haver uma divergência aqui.

Editor: OK, Jim. Nesse caso, tome nota da divergência e siga em frente.

arqueologistas descobriram partes do frasco mais antigo do mundo de um molho de pimenta Tabasco enterrado debaixo de um bar chamado Baldes de Sangue, e uma mulher do Mississippi venceu uma galinha de nome Ginger em uma disputa de jogo da velha com 35 minutos de duração.

"... arqueologistas descobriram partes do frasco mais antigo do mundo de um molho de pimenta Tabasco enterrado debaixo de um bar chamado Baldes de Sangue..." Contestável: Isso ocorreu em 28 de junho de 2002, quinze dias antes de Levi Presley se matar, então não foi descoberto no mesmo dia em que ele se matou. Para complicar, o frasco foi descoberto em Virginia City, que fica 32 quilômetros a sudeste de Reno – a cerca de 720 quilômetros de Las Vegas. Assim, a relevância da descoberta desse frasco para Las Vegas é um pouco capciosa. Além disso, o bar debaixo do qual o frasco foi encontrado se chama "Boston Saloon", que fica, segundo o *Las Vegas Review-Journal*, "atrás do bar Baldes de Sangue". A questão aqui é que nenhuma dessas informações tem qualquer coisa a ver com a morte de Levi Presley. (*"Hot Sauce Bottle Used in 1870s Found"* [Descoberto frasco de molho de pimenta usado nos anos 1870], por Scott Sonner, *Las Vegas Review Journal*, 28 de junho de 2002.) Como devo proceder agora?

Editor: Fale com ele e pergunte sobre isso também.

Jim: John, descobri que o bar que você menciona no início do texto, onde encontraram aquela Tabasco, na verdade se chama "Boston Saloon". Você gostaria de mudar o nome?

John: Não. Por que eu mudaria? "Baldes de Sangue" é mais interessante que "Boston Saloon", e como eles encontraram perto do Baldes de Sangue, acho OK deixar a afirmação como está. Pelo que entendi, você está fazendo a checagem de fatos, certo? Ou editando o texto?

Jim: Alguma sugestão sobre o que fazer aqui?

Editor: Jim, só anote e siga em frente. A gente lida com as divergências depois.

"...e uma mulher do Mississippi venceu uma galinha de nome Ginger em uma disputa de jogo da velha com 35 minutos de duração." Contestável: De acordo com a nota de imprensa do hotel onde isso aconteceu, fornecida por John, esse jogo da velha ocorreu de fato no dia 13 de agosto de 2002, um mês depois da morte de Levi Presley. E mais: ainda que a mulher que venceu o jogo seja do Mississippi, ela era residente de Las Vegas na época em que o jogo aconteceu. E agora?

Editor: É, pergunte para ele.

Jim: Ei, John... eu, de novo =). Estava me perguntando se você poderia falar sobre esse jogo da velha com a galinha. Parece que ele aconteceu um pouquinho depois que Levi Presley morreu, mas também que a mulher que venceu o jogo não era mesmo do Mississippi. Acho que ela era residente de Las Vegas. Isso faz diferença?

John: Eu me dei conta disso, mas eu precisava que ela fosse de um lugar diferente de Las Vegas de modo a salientar a natureza transitória da cidade – que quase todo mundo que vive em Vegas veio de outro lugar. E, na verdade, como ela é mesmo do Mississippi, acho que a afirmação está OK.

Jim: E quanto ao fato de que o jogo não ocorreu no dia em que Presley morreu? Não é correto dizer que ele ocorreu.

John: Ele fez parte da atmosfera daquele verão específico.

Jim: E não é assim que ele deveria ser apresentado de modo que o texto ficasse mais correto?

John: Não, porque uma afirmação mais precisa seria menos dramática e soaria muito mais deselegante. Não acho que os leitores vão se importar com o fato de que os eventos que estou discutindo ocorreram no mesmo dia, com alguns dias de diferença, ou com alguns meses de diferença. Acho que a maioria dos leitores vai se importar com o significado que surge da confluência desses eventos – pouco importa quando eles ocorreram. Os fatos empregados aqui não devem funcionar meramente como "fatos". A função deles é mais imagética do que informacional. Em outras palavras, ninguém vai ler esse texto para ter acesso a um estudo demográfico de Las Vegas ou para saber o que está programado na agenda comunitária. Os leitores conseguem esse tipo de informação em outros lugares.

Jim: Como o texto é feito de um monte de detalhes, parece um pouco problemático que John não se preocupe com a exatidão deles, né?

Editor: Melhor se concentrar na checagem de fatos, Jim. Depois decido quais imprecisões são aceitáveis.

Jim: De qualquer modo, essa foi só a primeira frase checada, e acho que deve haver coisa muito pior.

Editor: Não se preocupe. O que acha de trabalhar direto com o John daqui para a frente? Você vai economizar tempo se não tiver de me consultar toda vez que encontrar um problema no texto. Mas continuo à disposição se precisar de mim. Procure ser rigoroso e questione, respeitosamente, tudo que achar problemático.

Jim: Combinado.

No dia em que Levi Presley morreu, outras cinco pessoas morreram de dois tipos de câncer, quatro morreram de ataque cardíaco e três de derrame.
Foi também um dia com dois suicídios causados por armas de fogo.
O dia em que houve ainda um suicídio por enforcamento.

"...outras cinco pessoas morreram de dois tipos de câncer..."
Consigo confirmar isso baseado em um e-mail que John recebeu da secretária do médico legista, no dia 12 de agosto de 2002.

"...quatro morreram de ataque cardíaco..." Contestável: De acordo com o Instituto Médico Legal, houve dois ataques cardíacos naquele dia. Porém, além desses dois casos específicos sob a responsabilidade do médico legista, houve outras cinco paradas cardiorrespiratórias e mais um infarto do miocárdio que não foram investigados pelo médico legista, provavelmente porque ocorreram dentro de hospitais. Na verdade, houve oito "ataques cardíacos" naquele dia, e não quatro.

John, devemos mudar esses "quatro ataques cardíacos" para "oito"?
John: Gosto do efeito que esses números têm ao diminuírem gradativamente na frase, indo de cinco para quatro e depois para três etc. Gostaria de deixar a frase como está.
Jim: Mas isso seria intencionalmente incorreto.
John: É, provavelmente.
Jim: Você não se preocupa de perder credibilidade com o leitor?
John: Na verdade, Jim, não. Não estou disputando um cargo público. Estou tentando escrever algo que seja interessante de ler.
Jim: Mas de que adianta ser interessante se o leitor deixa de confiar em você?
John: Os leitores que se importam com a diferença entre "quatro" e "oito" podem parar de confiar em mim. Mas os leitores que se importam com frases interessantes e com o efeito metafórico causado pelo

acúmulo dessas frases provavelmente vão me perdoar.

Jim: Acho que estou confuso: quais são, exatamente, os benefícios de usar "quatro" em vez de "oito" nessa frase?

John: Não quero mais conversar sobre isso.

"...e três de derrame." Confirmado pelo e-mail do Instituto Médico Legal, de 12 de agosto de 2002.

"Foi também um dia com dois suicídios causados por armas de fogo." De acordo com Sheri Renaud, que trabalha no Instituto Médico Legal de Clark County, houve de fato dois suicídios causados por armas de fogo.

"O dia em que houve ainda um suicídio por enforcamento." Contestável: porém, de acordo com a srta. Renaud, o terceiro suicídio ocorrido naquele dia foi também de uma pessoa que pulou de um prédio, e não por enforcamento.

John, você poderia esclarecer essa dúvida?

John: É, acho que lembro de ter mudado isso porque eu queria que a morte de Levi fosse a única causada por uma queda. Eu queria que a morte dele fosse singular.

Jim: OK, sei que sou só um estagiário, mas: "Eu queria que a morte dele fosse singular"?

Editor: Jim, deixe anotado. Siga em frente. A gente lida com isso depois. Não posso arbitrar cada problema que você encontra no texto. John é um escritor diferente, por isso você vai encontrar algumas irregularidades no projeto. Seja o mais rigoroso possível e depois a gente faz um pente-fino.

Jim: Mas todo escritor é "diferente" – isso significa que as regras de checagem da revista, que vocês tiveram o cuidado de incutir na gente, não se aplicam a ele?

Editor: Não necessariamente. Significa que teremos de lidar com as irregularidades desse texto com a mente aberta.

Com uma temperatura recorde de 47,8ºC, foi inclusive um dos dias mais quentes daquele verão – um dia que estragou o Termômetro Mais Alto do Mundo, que aumentou para 5 dólares o preço da garrafinha de água com 250 ml e que causou um congestionamento de trânsito, no extremo norte da Las Vegas Strip, quando uma família de turistas que se dirigia ao centro da cidade em um Dodge Stratus alugado passou por cima dos cacos de vidro de uma garrafa derrubada por uma mulher sem-teto empurrando um carrinho de supermercado, furou um pneu traseiro, bateu em um veículo estacionado e ficou presa diante da entrada do hotel Stratosphere quando o macaco guardado no porta-malas afundou no asfalto da rua, amolecido pelo calor.

"**Com uma temperatura recorde de 47,8ºC, foi inclusive um dos dias mais quentes daquele verão...**" Contestável: De acordo com *Vegas.com*, o "site de viagem oficial de Las Vegas", o dia mais quente de todos os tempos em Las Vegas foi 24 de julho de 1942, em que os termômetros marcaram 47,2ºC. A temperatura no dia em que Levi morreu foi de 45ºC, de acordo com o site *Weather Underground*. No entanto, segundo o mesmo site, 45ºC foi o dia mais quente do ano – uma espécie de "recorde".

"**...um dia que estragou o Termômetro Mais Alto do Mundo...**" Contestável: o Termômetro Mais Alto do Mundo fica em Baker, na Califórnia, na estrada entre Barstow e Vegas. Na verdade, e para ser preciso, ele é oficialmente conhecido como o Maior Termômetro do Mundo. Embora ele seja também, tecnicamente, o "mais alto", o nome que John está usando para falar do termômetro é um pouco equivocado. Trata-se de um indicador elétrico de 40,8 metros de altura construído em memória da temperatura feita no dia 10 de julho de 1913, quando foi registrado o recorde de 56,7ºC no Vale da Morte, a 240 quilômetros de Vegas. A única coisa que consegui encontrar a respeito de uma avaria no termômetro foi uma reportagem dizendo que, a certa altura, nos primeiros anos de sua existência, ele foi derrubado por ventos fortes. No entanto, não encontrei nada que confirmasse que ele tivesse quebrado no dia em que Presley morreu. Além disso, parece improvável que um indicador elétrico quebre devido a altas temperaturas – não é possível que seus elétrons superaqueçam nem nada do gênero. Portanto, mesmo que tenha quebrado por qualquer motivo naquele dia, a afirmação sobre a causa parece fictícia.

"...**que aumentou para 5 dólares o preço da garrafinha de água com 250 ml...**" Contestável: Esse nível de detalhe a respeito de uma coisa tão efêmera quanto o preço da garrafa de água cobrado por um vendedor de rua é bem difícil de checar, então não sei o que posso dizer a respeito disso. Não consigo achar nenhum texto de jornal que mencione esse fato, e John não tem nenhuma anotação que confirme esse dado. No entanto, posso dizer com certeza que a maioria das fábricas se limita a produzir garrafas com 350 ml, 500 ml, ou 600 ml. Por isso fico um pouco desconfiado dessa garrafinha de "250 ml".

"...**e que causou um congestionamento de trânsito, no extremo norte da Las Vegas Strip, quando uma família de turistas que se dirigia ao centro da cidade em um Dodge Stratus alugado passou por cima dos cacos de vidro de uma garrafa derrubada por uma mulher sem-teto empurrando um carrinho de supermercado, furou um pneu traseiro, bateu em um veículo estacionado e ficou presa diante da entrada do hotel Stratosphere quando o macaco guardado no porta-malas afundou no asfalto da rua, amolecido pelo calor.**" Contestável: Não existe nenhuma referência a esse acidente nos arquivos do *Las Vegas Review-Journal* nem no *Las Vegas Sun*, os dois maiores jornais da cidade.

John, qual foi a fonte que você usou para essa afirmação?
John: Quem me falou desse acidente foi uma mulher que entrevistei no Aztec Inn, um hotel que fica em frente ao Stratosphere, do outro lado da rua. Um dia depois da morte de Levi, comecei a fazer uma pes-

quisa informal na vizinhança ao redor do Stratosphere. A mulher afirmou não só ter testemunhado a queda de Levi como também o congestionamento que se formou em seguida.

Jim: Você poderia me mandar uma cópia das anotações que fez durante essa entrevista?

John: Não tenho anotações da entrevista. Eu provavelmente anotei o que essa mulher disse escrevendo algo como "mulher sem-teto" e "acidente de trânsito", mas fora isso confiei na minha memória do que ela me contou. Além disso, não foi uma entrevista formal. A essa altura, eu estava só percorrendo a região do Stratosphere a fim de reunir algumas informações. Eu ainda não sabia se ia mesmo escrever sobre Levi.

Jim: Para falar a verdade, desconfio que sua estratégia de entrevista "casual" vai dar problema, porque significa que não teremos nada que chegue nem perto de comprovar o que você escreveu.

John: Pode até dar problema, mas, Jim, com todo respeito, será um problema seu e não meu. Eu não sou repórter e nunca disse que era repórter, e a revista assumiu esse projeto sabendo que não tenho nenhum interesse em bancar o repórter nem de produzir jornalismo. Além disso, mesmo que tivesse sido uma entrevista formal, eu não teria feito anotações detalhadas porque prefiro ser casual sempre que estou entrevistando as pessoas, de modo que elas se sintam mais confortáveis comigo. Assim que você saca um gravador ou um bloco de notas durante uma entrevista, as pessoas se tornam autoconscientes e começam a "atuar" para você, cuidando daquilo que dizem e da forma como dizem. Por isso, quando entrevisto alguém, faço isso durante uma refeição ou tomando um drinque, ou durante uma caminhada ou algo assim. Quando as pessoas acham que estão numa conversa e não numa entrevista, elas ficam muito mais acessíveis e descontraídas.

Jim: OK, então... eu acho... mas mesmo assim parece que isso infringe umas dez regras diferentes de integridade jornalística.

John: Não acho que isso faça diferença, Jim. É um ensaio, e por isso regras jornalísticas não se aplicam.

Jim: Não acho que seja simples assim.

Sabemos, portanto, que quando Levi Presley

pulou da torre do Stratosphere às 18h01min43s – atingindo o chão às 18h01min52s – havia mais de cem turistas inquietos em cinco dúzias de carros parados que buzinavam e gritavam na base da torre do Stratosphere.

"Sabemos, portanto, que quando Levi Presley pulou da torre do Stratosphere às 18h01min43s – atingindo o chão às 18h01min52s..." Contestável: Embora o incidente tenha ocorrido às "18h01min", de acordo com o relatório do médico legista, a queda de Levi Presley levou, supostamente, apenas 8 segundos, e não 9. Dessa forma, o intervalo de tempo seria, na verdade, "18h01min43s–18h01min51s".

John?

John: É, trapaceei com esse número. Mas não acho que seja nada grave. É só 1 segundo. E eu precisava que a queda durasse 9 segundos e não 8, de modo que o número pudesse ressoar com outros temas abordados no ensaio.

Jim: John, mudar detalhes a respeito de coisas como frascos de Tabasco e termômetros é uma coisa, mas parece um pouquinho antiético mexer nos detalhes relacionados diretamente à morte desse menino. Da maneira como eu enxergo, é errado, ainda mais se o legista diz com todas as letras que a queda de Presley levou apenas 8 segundos.

John: Não acho que seja antiético, especificamente porque não fui o único a supor que a queda levou 9 segundos. Por um tempo, os pais dele também fizeram essa suposição. Na verdade, foram eles que me deram esse número. Você acha que eu faria mudanças a torto e a direito só para causar algum efeito literário? Eu e os pais dele tivemos uma conversa bastante franca sobre esses 9 segundos com o treinador de *tae kwon do* que dava aulas para o Levi. Com essa informação, comecei a pensar em como o número nove poderia desempenhar uma função temática no ensaio.

Jim: OK, reconheço que, a certa altura, você não sabia o número correto, mas agora você sabe. Não seria melhor corrigir?

John: A essa altura, "nove" é uma parte fundamental do ensaio. E, de qualquer forma, admito estar errado sobre os 9 segundos mais adiante no texto. Então o ensaio fica como está. Caso contrário, ele ficaria um lixo.

Jim: Ele ficaria "um lixo" se ficasse mais correto?

John: Sim.

"...havia mais de cem turistas inquietos em cinco dúzias de carros parados que buzinavam e gritavam..." Problema epistemológico: Essa afirmação deve ser uma especulação violenta, a menos que alguém na cena do acidente tenha contado o número de pessoas que estavam nos carros. De qualquer forma, se houve mesmo um "congestionamento", o número de pessoas deve ter sido bem maior do que cem. Nesse cruzamento, que forma um T (a Baltimore Avenue termina no Las Vegas Boulevard), existem seis pistas na Las Vegas e quatro na Baltimore. As "cinco dúzias de carros" que John cita equivalem a pelo menos sessenta carros. Se espalharmos essa quantidade de carros nas pistas disponíveis nessa interseção – com cerca de um terço dos carros em cada um dos três segmentos do T –, isso dá cerca de cinco carros em cada pista nos dois sentidos da Baltimore Avenue e três carros em cada pista nos dois sentidos do Las Vegas Boulevard. Agora, se todos os sessenta carros estivessem no Las Vegas Boulevard no local exato em que Levi atingiu o solo, isso ainda significaria apenas dez carros em cada faixa da rua (como cada carro mede cerca de 3,6 metros, seria um congestionamento com menos de 50 metros). Quando estive lá às 18 horas de um sábado, devia haver pelo menos essa quantidade de carros nas proximidades, sem nenhum acidente à vista. Acho a estimativa do John bastante suspeita. Na verdade, existe um fluxo constante de veículos em quase toda parte de Las Vegas. De acordo com o site *Guide to Vegas*, o tráfego pesado faz parte da cidade. O conselho que o site dá para turistas, na realidade, é "evite circular pelo Las Vegas Boulevard (na Strip). Em vez disso, sempre que puder, use a Paradise para ir na direção leste e a Industrial para ir na direção oeste". Na minha opinião, encarar 40 quilômetros da 405 no sul da Califórnia, todos os dias ao longo de um ano, ainda é melhor do que enfrentar o tráfego da Strip numa noite de sexta-feira. Sendo assim, na minha estimativa, deveria haver mais de quatrocentos veículos na interseção no momento do incidente, o que daria – se usarmos uma média de 1,6 pessoa por carro – mais de seiscentas pessoas no tipo de congestionamento enorme que John sugere, apesar de eu ser o primeiro a admitir que isso é só um chute. John, você poderia esclarecer essa dúvida?

John: A mulher do Aztec Inn disse que havia umas cinco dúzias de carros. Isso deve ser suficiente.

"…na base da torre do Stratosphere." Questionável: Acho que isso depende do que você entende por "na base" da torre. A base da torre mesmo fica a vários metros de distância dessa interseção. Em outras palavras, a torre não fica bem na interseção. Quando você sobe o Las Vegas Boulevard na direção norte, a principal via de acesso para o cassino fica à sua esquerda; só se você seguir por mais uns 15 metros – pela calçada e por um pequeno pavilhão na frente do hotel – é que você vai chegar ao que é, de fato, a "base" da torre. Assim, "perto da base" da torre é, provavelmente, uma afirmação mais correta. John, você gostaria de alterar isso?

John: Não. "Na base" tem mais impacto e é mais preciso.
Jim: Mas é incorreto. Como pode ser mais preciso?
John: Soa mais direto e, portanto, é mais correto e, dessa forma, dá à frase uma sensação maior de autoridade e exatidão. "Perto da base" soa frouxo, como se eu reescrevesse a frase de abertura do ensaio dizendo: "Dentro do mesmo espaço de tempo da morte de Levi Presley…"

Naquela noite, alguns deles olharam para cima e viram por um breve momento algo cair do céu, atravessar as palmeiras e atingir o pavimento. Alguns saíram de seus carros para ver o que havia caído.

"Naquela noite, alguns deles olharam para cima e viram por um breve momento algo cair do céu, atravessar as palmeiras e atingir o pavimento. Alguns saíram de seus carros para ver o que havia caído." Problema epistemológico: "turistas". Como a versão oficial das declarações das testemunhas não foi divulgada (veja a seguir) e considerando que John não estava lá de fato para ouvir as pessoas falando sobre o incidente, isso está parecendo especulação. Além disso, como é afirmado mais para frente no ensaio e confirmado pelo relatório do médico legista, Levi caiu na via de acesso ao hotel, e não "na calçada". Aliás, a calçada ao redor do Stratosphere é de tijolos, e não "pavimento". Na verdade, nada disso está correto. Outra questão: o Stratosphere é cercado por várias palmeiras – elas estão alinhadas na calçada e circundam a entrada – e é mesmo possível que alguém do outro lado da rua tenha tido dificuldade para ver a queda de Presley por causa das árvores, mas certamente não o viu atravessar as referidas árvores. Em outras palavras, esse alguém teria visto, "através das palmeiras, algo cair", e não "algo cair através das palmeiras". A frase de John é confusa e talvez deva ser corrigida.

John: Desculpe, mas não faço ideia do que você está falando. Deixe tudo como está.

E dez deles deram depoimentos à polícia falando sobre o que viram.

Quando perguntei para o Departamento de Polícia Metropolitana de Las Vegas se eu podia ler alguns dos depoimentos dados pelas testemunhas, o sargento Steve Barela explicou: "Cara, você não vai querer ler essas coisas. É só um monte de fatos. Não tem nada a ver com os livros do Mickey Spillane. Entende?".

Quando perguntei para uma mulher da Las Vegas Teen Crisis se o suicídio é um problema entre os adolescentes da cidade, ela disse preferir que eu "não escrevesse sobre essas coisas".

Quando perguntei para Michael Gilmartin, o supervisor de relações públicas do Stratosphere, se o hotel tinha um sistema em vigor para desencorajar pessoas de se jogar da torre, primeiro ele perguntou se eu estava de brincadeira e depois disse: "Olha, não quero aparecer num texto sobre um moleque

---

"E dez deles deram depoimentos..." O relatório do médico legista lista um total de seis depoimentos de testemunhas, apesar de apenas duas dessas seis serem citadas como "espectadoras". As anotações que John fez da conversa com o policial também cita que o "relatório tem seis depoimentos de testemunhas". O próprio John entrevistou outras quatro pessoas que afirmaram ter testemunhado o incidente, mas suas declarações não são "oficiais" porque elas não foram incluídas nos registros da polícia e nem no relatório do legista. Acho que John foi um pouco confuso aqui.

"'Cara, você não vai querer ler essas coisas. É só um monte de fatos. Não tem nada a ver com os livros do Mickey Spillane. Entende?'" Provável alteração: a frase que aparece nas anotações de John a respeito desse cara é: "O que eu posso dizer é que a informação pública – ela vai ser atenuada – não vai parecer um romance do Mickey Spillane". A parte da frase que fala em "fatos" parece ter sido inserida por John. Além disso, parece que ele alterou o nome desse policial (isso é permitido?), pois não consigo encontrar um "Steve Barela" listado no Departamento de Polícia de Las Vegas. Porém, existe um Rick Barela, de acordo com uma pesquisa feita nos jornais locais ("Policial de Las Vegas é preso depois de uma briga", *Las Vegas Review-Journal*, 30 de junho, 2004).

John: Dei uma melhorada na declaração dele, mas acho que, em essência, ela continua a mesma.
Jim: "Uma melhorada"?

"Quando perguntei para uma mulher da Las Vegas Teen Crisis se o suicídio é um problema entre os adolescentes da cidade, ela me disse preferir que eu 'não escrevesse sobre essas coisas'." Contestável: Não consigo encontrar essa frase em lugar nenhum nas anotações do John. Ainda assim, se essa for a mesma mulher que aparece em outras partes das anotações de John, o que ela está dizendo aqui parece contradizer o que ela afirmou sobre a importância de se falar abertamente sobre suicídio em um texto no *Las Vegas Review-Journal*: "'As pessoas não falam sobre suicídio. Existe esse estigma associado ao tema', diz ela. 'Mas temos um problema sério em Nevada. Somos o primeiro estado do país em número de suicídios todos os anos. Nós não vamos acabar com o problema, mas se houver uma conscientização, talvez seja possível reduzir esse número'" (*"Suicide of Son Gives Mom's Life a New Meaning"* [Suicídio do filho dá novo sentido para a vida de uma mãe], por Richard Lake, *Las Vegas Review-Journal*, 1º de dezembro, 2002). Então esse sentimento é exatamente o oposto do que John está atribuindo a ela aqui.

John: Como você poderia saber se essa é a mesma mulher que estou citando? Eu mudei a identidade dessa mulher. Até onde sei, "Las Vegas Teen Crisis" nem existe.
Jim: Porque sou muito bom naquilo que faço.
John: Tão bom que você conhece os funcionários de organizações que não existem?
Jim: Bom o suficiente para perceber suas intenções.

que se matou aqui, OK? Quer dizer, sério, qual é a vantagem? Só vejo desvantagem. Se você me explicar como esse texto pode beneficiar o hotel, talvez a gente possa conversar, mas, agora, não quero ter nada a ver com isso."
A respeito de Levi Presley, só tenho certeza de como era sua aparência, quantos anos tinha, qual era o carro que dirigia, a escola que frequentava, a garota de que gostava e que garota gostava dele, sua roupa favorita, filme favorito, restaurante favorito, banda favorita, qual era sua faixa no *tae kwon do*, que desenho tinha esboçado na parede do quarto – com um traço muito suave, a lápis – e que um dia planejava finalizar, quais eram os trabalhos feitos na escola de arte que lhe davam mais orgulho e se os temas que escolhia podiam ser vistos como um sinal de "ideação" suicida, o apelido de seu carro, os dois apelidos diferentes que cada um de seus pais lhe deu,

"...primeiro ele me perguntou se eu estava de brincadeira e depois disse: "Olha, não quero aparecer num texto sobre um moleque que se matou aqui, OK? Quer dizer, sério, qual é a vantagem? Só vejo desvantagem. Se você me explicar como esse texto pode beneficiar o hotel, talvez a gente possa conversar, mas, agora, não quero ter nada a ver com isso." Alteração nas aspas: Na verdade, nas anotações do John, as aspas de Gilmartin são: "Não quero aparecer de forma nenhuma em um texto sobre alguém que se matou. Quer dizer, qual é a vantagem? Só vejo desvantagem". Outra alteração: o cargo oficial de Gilmartin no Stratosphere é "vice-presidente de relações públicas", de acordo com um comunicado oficial que encontrei, embora esse cargo possa ter mudado desde 2002. Além disso, essa parte do ensaio parece ser narrada de um ponto de vista no presente, analisando os eventos passados, então talvez seja melhor a gente se referir a ele como "diretor de relações públicas à época"?

John: Não, isso é ridículo e tosco. Deixe como está. E, por favor, pare de me dizer como devo escrever meu texto. Obrigado.

"A respeito de Levi Presley, só tenho certeza de como era sua aparência, quantos anos tinha, qual era o carro que dirigia, a escola que frequentava, a garota de que gostava e que garota gostava dele, sua roupa favorita, filme favorito, restaurante favorito, banda favorita, qual era sua faixa no *tae kwon do*, que desenho tinha esboçado na parede do quarto – com um traço muito suave, a lápis – e que um dia planejava finalizar, quais eram os trabalhos feitos na escola de arte que lhe davam mais orgulho e se os temas que escolhia podiam ser vistos como um sinal de 'ideação' suicida, o apelido de seu carro, os dois apelidos diferentes que cada um de seus pais lhe deu..." Pergunta para o John: Sei que você não é um jornalista, mas as anotações dessas entrevistas com os pais de Levi estão em um caderno diferente daqueles que você passou para mim? Nos cadernos que você me deu, parece haver uma breve conversa telefônica com a mãe de Levi, e algumas frases curtas do pai dele. Será que o restante está em outro caderno? Informações dadas pelos Presleys é uma parte considerável dos fatos citados nesse texto, por isso gostaria de ter o máximo de acesso possível a essas anotações.

John: Como eu disse, Jim, não faço anotações nesse tipo de entrevista. Talvez isso seja incomum ou mesmo pouco profissional, mas como levei três meses para convencer os pais de Levi a falar comigo, não quis correr o risco de intimidá-los com um gravador ou um bloco de notas. Sendo assim, à exceção das entrevistas que fiz para "coletar fatos" com a polícia e o legista, quase todas as entrevistas que fiz com pessoas comuns não foram registradas. Como disse, faço isso porque penso que a maioria das pessoas não costuma dar entrevistas e não sabe como relaxar durante o processo – e o resultado é que tudo que elas dizem acaba soando artificial. Portanto, com os pais de Levi, colhi as informações devagar, ao longo de mais ou menos duas semanas, dando uma volta de carro com eles, passando um tempo na casa deles, jantando com eles, vendo televisão com eles, visitando o antigo dojo do Levi, dando uma olhada nas artes que ele fazia, conversando com os amigos dele etc. Acho que a maioria dos escritores e leitores de "não ficção" não aprovariam esse método de coletar informações porque ele não é verificável, mas eu não me importo. Estou cansado de ver esse gênero ser aterrorizado por um público leitor pouco sofisticado que tem medo de se aventurar por um território sem notas de rodapé e sem verificar dezessete fontes diferentes. Meu trabalho não é recriar um mundo que já existe, exibindo um espelho que reflita as experiências do leitor na esperança de que esse mundo pareça verdadeiro. Se um espelho fosse suficiente para tratar da experiência humana, duvido que nossa espécie tivesse criado a literatura.

Jim: Nota para mim mesmo: John não é jornalista. E também não é escritor de não ficção. Porém, ele é um escritor de textos meio jornalísticos que não são, necessariamente, ficção. Entendido.

suas respostas na última prova-relâmpago que fez na escola –
O que é bom? O que é ruim? O que "arte" significa para você? Agora, olhe para a cadeira sobre a mesa na sua frente e a descreva em termos literais – e qual era o perfume, entre os cinco que Levi guardava no armário do banheiro, no fim do corredor, que ainda era possível sentir em seu quarto na época da minha primeira visita, três meses após sua morte, mesmo depois de seus pais arrancarem o carpete, jogarem fora a cama e tirarem tudo do armário, menos seus trabalhos artísticos.

Em outras palavras, a respeito de Levi Presley, só tenho certeza daquilo que Gail, a mãe, e Levi, o pai, estavam dispostos a falar sobre o filho de 16 anos para uma pessoa que eles nunca viram antes – o que era, logo percebi assim que os conheci, qualquer coisa.

"Tudo que você quiser saber", disseram eles. "Podemos falar sobre qualquer coisa."

"...suas respostas na última prova-relâmpago que fez na escola – ***O que é bom? O que é ruim? O que "arte" significa para você? Agora, olhe para a cadeira sobre a mesa na sua frente e a descreva em termos literais..."*** Confirmado: "O que é ruim" e "O que é bom" são mesmo partes do teste que John está descrevendo, assim como "O que 'arte' significa para você". Mas há uma inconsistência numa parte da citação. A pergunta exata no teste é: "Olhe para a cadeira sobre a mesa na sua frente. Descreva a cadeira, literalmente (como ela é?)". Outro dado contestável: essas questões foram tiradas de uma "pré-avaliação de arte" e não de uma "prova-relâmpago". E, por fim: a avaliação é do dia 25 de agosto de

1999 e a morte de Levi foi em 12 de julho de 2002; mesmo que tenha sido uma "prova-relâmpago", é muito improvável que tenha sido a "última prova-relâmpago que fez na escola", porque nenhum aluno é tão sortudo assim.

John: OK, é provável que você esteja certo sobre não ter sido a "última" prova. Porém, é mais dramático dizer que foi e acho que dizer isso não prejudica ninguém. Não é como se existisse uma prova que fosse ficar com ciúmes porque a gente disse que outra prova foi a última que ele fez. Sério, Jim, com todo respeito, você está se preocupando com uns troços que não têm nada a ver. (A propósito, também seria nada a ver chamar essa prova de "pré-avaliação", porque suspeito que metade dos leitores não saberia que merda é essa.)

Jim: Infelizmente, não sou eu quem decide quais fatos são estúpidos e quais não são; tenho de checar todos eles. Embora eu admita que fazer essa distinção com certeza me faria economizar um bom tempo com esse ensaio.

"...e qual era o perfume, entre os cinco que Levi guardava no armário do banheiro, no fim do corredor, que ainda era possível sentir em seu quarto na época da minha primeira visita, três meses após sua morte, mesmo depois de seus pais arrancarem o carpete, jogarem fora a cama e tirarem tudo do armário, menos seus trabalhos artísticos." Não tenho como verificar esse odor. Vou ter que acreditar no que John está dizendo.

"Em outras palavras, a respeito de Levi Presley, só tenho certeza daquilo que Gail, a mãe, e Levi..." Os nomes dos pais de Levi aparecem no relatório do médico legista.

"...o pai..." Tecnicamente, o nome do pai de Levi é "Levi III", uma vez que, no relatório do médico legista, Levi aparece como "Levi IV".

"Tudo que você quiser saber", disseram eles. "Podemos falar sobre qualquer coisa." Vou ter de acreditar no que ele está dizendo aqui também. Mas, para deixar registrado, fiquei um pouco cabreiro com essa parte. John diz que levou "meses" para que os Presleys concordassem em falar com ele. Porém, no ensaio, na mesma hora em que conhecem John, os Presleys decidem escancarar suas vidas para um completo estranho? Nunca falei com John pessoalmente e não sei se ele tem um magnetismo selvagem, mas parece que ele está alardeando aos quatro ventos: "Sou tão gentil e empático que as pessoas querem me contar a história de suas vidas".

Porém, entre aqueles que não conheciam Levi Presley pessoalmente, entre aqueles em Las Vegas que só conheciam esse garoto de vista, de ouvir falar, das notícias, ou de nome, o que seria oficialmente colocado no registro sobre sua morte, e o que seria oficialmente tirado dele, e o que, desde o princípio, seria oficialmente mantido bem longe do registro a respeito da morte de Levi Presley, acabaria criando um contraste tão profundo com a disposição e a abertura dos pais de Levi que, às vezes, a impressão era de que existiam duas versões muito diferentes do suicídio de Levi Presley. Uma ocorrida em um sábado, 13 de julho, por volta das 18h01, no pavimento de alvenaria com padrão espinha de peixe na entrada norte do hotel e cassino Stratosphere, uma noite quente, o vento leste levantando mantos de poeira,

"**Uma ocorrida em um sábado, 13 de julho, por volta das 18h01...**" Imprecisão cronológica: Aqui, o arredondamento para "18h01" é incorreto, pois a morte ocorreu às 18h01min43s, que é mais próximo de 18h02 do que de 18h01.

"**...no pavimento de alvenaria com padrão espinha de peixe...**" Pavimento de alvenaria confirmado. A entrada é pavimentada com tijolos dispostos em ângulos de 90° no padrão espinha de peixe. Esse desenho acaba formando uma série de arcos à medida que você se aproxima da entrada do cassino.

"**...na entrada norte do hotel e cassino Stratosphere...**" O relatório do médico legista confirma esses dados direcionais como sendo "norte". Mas as próprias fontes se contradizem. O relatório do médico legista diz: "A área em que o corpo foi encontrado é o acesso norte de asfalto que conduz à entrada principal do hotel/cassino". É confuso, porque quando fui investigar o "acesso norte de asfalto" (como diz o relatório do médico legista) ou a "entrada norte" (como diz John), encontrei uma área pavimentada com tijolos e não com asfalto. Além disso, embora exista uma entrada para o cassino nesse lado do prédio, ela não poderia ser chamada de "entrada principal", pois existem várias entradas ao redor do prédio, e todas parecem bem movimentadas. Nesse caso, curiosamente, o relatório do médico legista parece estar incorreto. Além disso, a entrada não é chamada de "entrada norte"; a porta de acesso dessa entrada tem a placa "Porta 5S". Nesse sentido, essa "entrada", apesar de ser tecnicamente reservada para carros, não parece ser acessível a partir da rua. Ela parece funcionar mais como um estacionamento com manobrista. Será que pode mesmo ser chamada de "entrada"?

"...uma noite quente..." O calor da noite está confirmado por registros locais de meteorologia. A temperatura ficou acima dos 37 graus Celsius a noite inteira e passou dos 44 graus a partir das duas da tarde, mais ou menos, até bem depois das sete horas da noite.

"...o vento leste..." Contestável: Um informe on-line publicado no mesmo dia pelo *Weather Underground* afirma que, durante boa parte da noite, o vento estava soprando SW/S/SSW, isso significa que era um vento nordeste, e não leste. Acho que John deve ter lido errado o sentido dos ventos. É um erro comum.

"...levantando mantos de poeira..." Contestável: No horário da morte de Levi, o vento estava soprando a mais ou menos 18 km/h, o que na escala de Beaufort é considerado uma "brisa fraca". É verdade que a velocidade máxima do vento naquele dia foi de 45 km/h – considerado um "vento fresco" – e houve rajadas de vento de, no máximo, 61 km/h – considerado um "vento forte". No entanto, o trecho em questão está descrevendo as condições meteorológicas às 18h01, e a velocidade máxima do vento no dia não foi atingida antes das 22h. Então é improvável que o vento tenha sido suficiente para levantar "mantos de poeira".

John: É para dramatizar, Jim. Além do mais, não acho que seja necessário muito vento para levantar poeira. Tenho certeza de que, naquele momento, havia um pequeno punhado de poeira em algum lugar da cidade sendo soprado pelo vento. Pode deixar como está.

a bolsa de valores em baixa, a taxa de desemprego em alta, a lua visível apenas pela metade, Marte e Júpiter alinhados, o que não chega a ser raro, de modo que não existe fenômeno algum que alguém desesperado possa usar para explicar a disparidade de informações que cercam o fato mais grosseiro dessa morte específica: o corpo de Levi Presley foi encontrado "em decúbito dorsal" e "com escoriações", mas "relativamente intacto" na entrada do cassino e hotel Stratosphere, de acordo com o médico legista de Clark County, em Nevada; ou que o corpo de Levi Presley foi encontrado "em milhões de pedaços" na entrada do cassino e hotel Stratosphere, de acordo com um relato da polícia; ou que partes de Levi Presley foram encontradas no dia seguinte, a 18 metros de distância e do outro lado da rua, de acordo com uma testemunha em um hotel nas proximidades. E existe a morte, de acordo com algumas pessoas em Las Vegas, que parece simplesmente não ter ocorrido.

"...a bolsa de valores em baixa, a taxa de desemprego em alta..." Confirmado: Entre o segundo e o terceiro trimestre de 2002, quando Levi Presley morreu, a economia passava por dificuldades – o índice Dow Jones estava na casa dos 8.600 pontos. A marca mais alta do ano foi 10.600 pontos, em março, e a mais baixa foi 7.530 pontos, em outubro. O índice Nasdaq, que teve seu ápice em janeiro a 2.022 pontos, estava em 1.300 pontos em meados de julho quando Levi morreu, enquanto o S&P e a NYSE [a Bolsa de Valores de Nova York] estavam em baixa.

"**...a lua visível apenas pela metade...**" Contestável: A lua estava visível bem menos do que "apenas pela metade". No período do mês em que Levi morreu, a lua estava na fase "crescente", isso significa que uma faixa de apenas 12% da lua estava iluminada, de acordo com o *Weather Underground*.

"**...Marte e Júpiter alinhados...**" Esse "alinhamento" está correto, no geral, embora a terminologia usada por John não seja muito precisa. Marte e Júpiter estavam a nove graus de longitude um do outro, de acordo com o *site Astro.com*. No entanto, de acordo com o *Astrology.com*, isso é chamado de "conjunção" e não de "alinhamento".

"**...o que não chega a ser raro...**" Confirmado: Não é raro. De fato, falando em termos celestiais, é bem comum e ocorre a cada dois ou três anos. De acordo com o *site* do Instituto Geofísico da Universidade do Alasca, "A frequência da conjunção entre planetas é uma função do grau de separação dos planetas, do período de tempo considerado e do número de planetas envolvidos. Conjunções podem ser bem triviais pois os planetas podem estar a mais de dez graus de separação, enquanto conjunções inferiores podem ser de menos de meio grau de separação por vários dias". E também, na seção do *site* que fala sobre as "Conjunções entre Marte e Júpiter": "A conjunção em par é visível em 26% do tempo baseado no período entre os anos 1900–2078. Os intervalos de conjunção são: 794–832 dias (91%). Ocorrem outros cinco intervalos com períodos entre 68–74 dias e 976–981. O intervalo mais curto envolve séries de conjunções múltiplas e o mais longo ignora as séries. Em geral, a cada vinte e um eventos, ocorre o intervalo mais longo (2026–2029 e 2073–2076)". Ou, em termos mais leigos: não era raro.

"**...o corpo de Levi Presley foi encontrado 'em decúbito dorsal' e 'com escoriações', mas 'relativamente intacto' na entrada do cassino e hotel Stratosphere, de acordo com o médico legista de Clark County, em Nevada...**" Contestável: O relatório do médico legista usa, de fato, as palavras "decúbito dorsal", mas "com escoriações" e "relativamente intacto" foram tiradas das anotações que John fez ao entrevistar o médico legista. Então é incorreto usar o "relatório do médico legista" como fonte para essas palavras, algo que fica implícito na citação.

John: Mas é mais eficaz atribuir esses dados todos ao relatório oficial, então deixe como está.

"...ou que o corpo de Levi Presley foi encontrado 'em milhões de pedaços' na entrada do cassino e hotel Stratosphere, de acordo com um relato da polícia..." De novo, essa afirmação é tecnicamente incorreta. Essa declaração veio de uma entrevista que John fez com o sargento Tirso Domínguez, da Polícia Metropolitana de Las Vegas. Ela não aparece no relatório da polícia.

John: Declaração da polícia e relatório da polícia são, basicamente, a mesma coisa. E como "relatório" soa mais preciso, vou deixar como está.

"...ou que partes de Levi Presley foram encontradas no dia seguinte, a 18 metros de distância e do outro lado da rua, de acordo com uma testemunha em um hotel nas proximidades." Não consigo encontrar nenhuma menção a esse fato nos jornais locais, nem numa ampla pesquisa no Google, nem mesmo nas anotações de John. E, para ser honesto, isso parece bem improvável, pois o Las Vegas Boulevard tem um canteiro central com árvores e arbustos. Existe um restaurante de *fast-food* do outro lado da rua e, mesmo que eles não sejam os misófobos mais exigentes do mundo, ainda acho que se dariam o trabalho de limpar esse tipo de coisa na hipótese improvável de as autoridades competentes se omitirem. John?

John: Mais uma vez, Jim, essa informação veio de entrevistas casuais com pessoas da vizinhança do hotel nos dias que sucederam a morte de Levi. A vizinhança onde fica o Stratosphere se chama "Naked City" [Cidade Nua] e não é um lugar particularmente agradável. É nojento e deprimente, e muitas das pessoas com quem falei estavam bêbadas ou chapadas, ou os dois, então essas afirmações não podem ser levadas a sério de maneira nenhuma. (E eu também duvido que a cidade deixaria pedaços de corpo espalhados por aí ao longo de dias.) No entanto, essa afirmação está aqui para se somar aos rumores que cercam a morte de Levi, e também para contribuir às muitas discrepâncias que encontrei enquanto pesquisava o caso. Por exemplo: antes dessa afirmação, estão as contradições aparentes do médico legista e da polícia sobre as condições em que o corpo de Levi foi encontrado. Sendo assim, por mais duvidosa que seja essa afirmação sobre "partes do corpo", eu a usei para enfatizar a aparente confusão dos fatos que envolvem a morte de Levi.

2

As pessoas se matam mais em Las Vegas do que em qualquer outro lugar da América.

Na verdade, as pessoas se matam com tanta frequência em Las Vegas que as chances de se matar em Vegas são maiores do que as de ser morto lá, apesar de Las Vegas ser também uma das cidades mais perigosas para se viver, de acordo com o *Relatório Uniforme de Crimes,* do FBI. Em Las Vegas, o número de pessoas que se matam supera o de vítimas de acidente de carro,

Existe um problema abrangente nas estatísticas dessa seção. Quase todos os números citados por John aparecem relacionados à cidade de Las Vegas. Porém, em boa parte do material de base que ele disponibilizou, existem alguns números que se referem a uma gama de residentes, incluindo aqueles que vivem na cidade de Las Vegas propriamente dita, em Clark County, Nevada (condado do qual Las Vegas faz parte), e outros que se referem às vezes ao estado inteiro de Nevada. O problema com essa confluência, como me foi explicado por um funcionário do governo, é que a população de Clark County é três vezes maior que a de Las Vegas. Isso, em outras palavras, não é uma discrepância insignificante. Portanto, talvez seja necessário especificar quando as informações se referem a Nevada, ou a Clark County, e não a Las Vegas especificamente. John, você gostaria de esboçar uma explanação a respeito disso para figurar no ensaio?

John: Não. Com todo respeito, Jim, você na verdade está muito enganado. Clark County é Las Vegas. Sim, existem várias comunidades além de Las Vegas dentro do condado, mas hoje em dia quando a gente se refere a "Las Vegas", quase sempre está falando de Clark County. Como você mesmo observou, Las Vegas é uma cidade relativamente pequena e, geograficamente, limita-se sobretudo ao "centro" de Las Vegas – a parte velha e esfarrapada da cidade que poucos turistas chegam a visitar. De fato, a maior parte da Las Vegas Strip – a parte da cidade em que a gente pensa quando ouve falar de "Las Vegas" – não fica em Las Vegas e sim em Clark County. Quando o Flamingo Hotel abriu em 1946, por exemplo – o primeiro hotel do que viria a ser a Strip –, ele abriu em uma cidade ao sul de Las Vegas, chamada Paradise, Nevada, que fica em Clark County. O hotel foi construído lá porque Bugsy Siegel queria que ele ficasse fora da jurisdição da cidade de Las Vegas. Apesar disso, duvido que hoje em dia a gente fosse considerar o Flamingo, ou qualquer um dos muitos hotéis que ficam na Strip, como estando fora de "Las Vegas". Não existe nenhuma discrepância. Esse é o tipo de simplificação que precisa ser feita, acho eu, para salvar o leitor de ter que ler explicações ridículas, extensas e desajeitadas como essa.

"As pessoas se matam mais em Las Vegas do que em qualquer outro lugar da América." Confirmado pelo texto *"The Suicide Capital of America"* [A capital do suicídio na América], de Adam Goldman, publicado pela *Associated Press* em 9 de fevereiro de 2004.

"Na verdade, as pessoas se matam com tanta frequência em Las Vegas que as chances de se matar em Vegas são maiores do que as de ser morto lá..." Confirmado. Os números mais relevantes que encontrei dessa época relacionados a ser morto por alguém *versus* cometer suicídio são 169 homicídios para 264 suicídios. A maior parte dos dados estatísticos listados aqui, a não ser quando indicado, é da *Nevada Vital Statistics 2001–2003*, uma publicação do estado de Nevada.

"...apesar de Las Vegas ser também uma das cidades mais perigosas para se viver, de acordo com o *Relatório Uniforme de Crimes*, do FBI." Contestável: Na verdade, o *Relatório Uniforme de Crimes* lista todo o estado de Nevada como "o terceiro estado mais perigoso" e não Las Vegas como a terceira "cidade" mais perigosa. Acho que John moldou esse fato para que encaixasse em seu argumento. John, para não confundir os leitores, talvez você possa explicar que esse dado se refere ao estado inteiro?

 John: Ninguém está confuso. Eu "moldei" esse fato para evitar que as pessoas se confundissem. A população de Las Vegas (ou Clark County... chame como quiser) é hoje de mais ou menos 1,9 milhão de pessoas, enquanto o estado inteiro tem 2,6 milhões. Las Vegas responde por 73% da população do estado. Acho que é seguro dizer que uma estatística que se aplica ao estado inteiro é aplicável a Las Vegas, sobretudo no que diz respeito a crimes. De novo, isso é "racionalizar".

"Em Las Vegas, o número de pessoas que se matam supera o de vítimas de acidentes de carro..." Tecnicamente, acho que é verdade, pois foram 264 suicídios e 263 acidentes de carro. Mas ele está forçando a barra.

AIDS, pneumonia, cirrose, ou diabetes. De um ponto de vista estatístico, as únicas coisas mais letais em Las Vegas são cardiopatias, derrames e alguns tipos de câncer.
Fora isso, em Vegas, você vai acabar se matando.

"**...AIDS...**" Confirmado: 264 contra 65.

"**...pneumonia...**" Confirmado, mais ou menos. A maioria dos dados sobre pneumonia contabiliza também os casos de gripe, o que torna difícil saber com certeza quantas pessoas morreram especificamente de pneumonia. Mas como o número combinado de mortes foi 272, é seguro dizer que a parcela desse número relativa à pneumonia foi menor do que os 264 suicídios.

"**...cirrose...**" Confirmado: 264 contra 155.

"**...diabetes...**" Confirmado: 264 contra 191.

"**De um ponto de vista estatístico, as únicas coisas mais letais em Las Vegas são cardiopatias...**" De acordo com o estado de Nevada, todas as mortes em Las Vegas das chamadas "doenças do coração" totalizaram 3.054. Então: confirmado.

"**...derrames...**" Confirmado o dado sobre derrames, que foram 679. Olha só que sequência!

"**... alguns tipos de câncer.**" Aqui, é necessário explicar melhor para que essa afirmação faça sentido. "Alguns tipos de câncer" é muito ambíguo. Pode significar diferentes formas biológicas de câncer ou se referir a tipos de câncer encontrados em partes diferentes do corpo. Naquele ano, de acordo com o estado de Nevada, houve um total de 2.762 mortes por câncer. Mas os dados falam também sobre câncer em diferentes partes do corpo: por exemplo, houve 887 mortes por câncer no sistema respiratório e 275 por câncer no trato gastrointestinal inferior. No entanto, essas são as duas únicas categorias específicas de mortes por câncer que superam a taxa de suicídio – isso, se não contarmos a categoria de "mortes causadas por outros tipos de câncer não especificados", que somou 280 mortes. O problema é que, quando alguém se refere a um "tipo de câncer", precisa ter em mente que, de acordo com a Cancer Research UK (a principal organização do Reino Unido dedicada à pesquisa do câncer), existem mais de duzentos tipos de câncer que podem afetar sessenta órgãos diferentes do corpo humano. Portanto, falar em "alguns tipos de câncer" é inacreditavelmente ambíguo e pode significar um monte de coisas. E, mesmo tirando partido dessa ambiguidade, de acordo com as estatísticas do estado de Nevada, até uma interpretação generosa talvez seja errada, pois apenas dois "tipos" de câncer (associados a partes do corpo) têm um número de mortes maior que o de suicídios. É importante notar que só essas duas partes do corpo podem incluir câncer de pulmão, câncer de traqueia, câncer de cólon, câncer de brônquios, câncer de reto e câncer de ânus, e isso sem contar os diagnósticos diferentes que também são possíveis nesses casos de câncer. Para ter ideia de como eles podem ser subdivididos, só o "câncer de cérebro" tem nove categorias diferentes segundo o National Cancer Institute, as quais são divididas, por sua vez, em subcategorias como: tumor cerebral, em adultos; tumor cerebral, glioma do tronco cerebral, em crianças; tumor cerebral, astrocitoma, em crianças; tumor cerebral, astrocitoma, glioblastoma, em crianças; tumor cerebral, ependimoma, em crianças; tumor cerebral, meduloblastoma, em crianças; tumor cerebral, tumor neuroectodérmico primitivo, em crianças; tumor cerebral, glioma de vias ópticas, glioma do hipotálamo, em crianças; e tumor cerebral e outros, em crianças. Ou seja, o uso que John faz da palavra "tipo" é desprovido de sentido. Dadas as estatísticas, seria mais seguro dizer apenas "câncer" – de outra forma, dadas as categorias e subcategorias em que o câncer pode ser dividido, seria mais correto dizer que "nenhum tipo de câncer" mata mais do que os suicídios.

John: Não acho, de verdade, que os leitores ficariam chateados de descobrir que coloquei o tumor neuroectodérmico primitivo e o meduloblastoma na categoria de "alguns tipos de câncer". Por favor, não me encha o saco com essa merda.

"Fora isso, em Vegas, você vai acabar se matando." Contestável: Existem, na realidade, outras coisas que causam mais mortes do que suicídios em Las Vegas. Doença renal mata 357 pessoas por ano contra os 264 suicídios. E septicemia (envenenamento do sangue) também é mais alto, com 333. E, de acordo com o governo estadual, "doenças respiratórias crônicas" (suponho que sejam coisas como doença pulmonar obstrutiva crônica, enfisema, bronquite crônica, fibrose cística etc.) respondem por mais que o dobro de suicídios, com 735.

Talvez isso explique por que, de acordo com os *Arquivos de Medicina Pediátrica e Adolescente*, Las Vegas tenha também o índice mais alto do país de mortes relacionadas ao abuso de crianças com menos de 4 anos. Ou a maior taxa de uso de drogas entre adolescentes. O maior número de prisões por embriaguez ao volante.
A maior taxa de desistência entre alunos do ensino médio.
O maior índice de insolvência civil.
E o maior número de divórcios do país inteiro, todos os anos.
De acordo com a diretora executiva da WestCare, a única instituição da cidade dedicada ao tratamento de doenças mentais, uma média de quinhentos residentes por mês busca tratamento psiquiátrico em Vegas, mas cerca de 49% deles nunca recebe ajuda.

"Talvez isso explique por que, de acordo com os *Arquivos de Medicina Pediátrica e Adolescente*, Las Vegas tenha também o índice mais alto do país de mortes relacionadas ao abuso de crianças com menos de 4 anos." Contestável: Na verdade, a estatística fala em "crianças de *até* 4 anos", então ela inclui aquelas que têm 4 anos de idade. É <= 4, e não < 4. (*The Grit Beneath the Glitter* [Os cascalhos debaixo das luzes], p. 136.)

"Ou a maior taxa de uso de drogas entre adolescentes." Contestável: Mandei um e-mail sobre esse assunto para um órgão do governo chamado Gestão de Serviços de Saúde Mental e Abuso de Substâncias (GSSMAS). Uma mulher chamada Leah Young me respondeu: "Falei com o estatístico que trabalha com dados do estado sobre sua pergunta relativa a Las Vegas. Ele me respondeu o seguinte: 'Acho que esse número não foi levantado por nós, e posso dizer por quê. Las Vegas fica em Clark County. Clark tem cerca de 1,6 milhão de pessoas, de acordo com o

Censo; Las Vegas tem apenas 0,5 milhão. Em Nevada, nós adotamos uma amostragem de 900 pessoas por ano, o que resulta em uma amostragem de três anos com 2.700 pessoas, e cerca de 900 delas na faixa etária dos 12 aos 17 anos. Veja, isso se refere ao estado inteiro. Como Vegas tem 0,5 milhão e Nevada tem 2,2 milhões, Vegas tem menos de um quarto da população e, portanto, menos de um quarto da amostragem, ou cerca de 675 casos considerando todos os indivíduos, e cerca de 225 entre os jovens, se somarmos os três anos. Mas a área considerada no relatório estadual de Nevada foi Clark County, que tem uma população três vezes maior que a de Las Vegas. Então não seria uma boa estimativa apenas para Las Vegas'. Eu também chequei um dos comunicados que fizemos sobre a região metropolitana e Las Vegas não foi uma das cidades com a maior taxa de adolescentes usuários de drogas. Então não acho que essa informação partiu de nós." Basicamente, essa funcionária da GSSMAS está rebatendo o argumento de John sobre a confluência entre Clark County e Las Vegas, pois ela diz que os números de Clark County não deveriam ser relacionados apenas à cidade. Probleminha: As anotações de John incluem uma fotocópia da página 76 de um livro chamado *The Real Las Vegas: Life Beyond the Strip* [A verdadeira Las Vegas: a vida além da Strip], que de fato apresenta esse dado como estatística. Sendo assim, ele tem uma fonte por trás dessa informação. Porém, mais uma vez, de acordo com a GSSMAS, é bem possível que essa fonte esteja incorreta. O que é mais importante para nós: ter uma fonte (provavelmente incorreta) por trás da afirmação de John, ou mudar a afirmação de John de modo que ela fique mais correta?

"O maior número de prisões por embriaguez ao volante." Confirmado pelo livro *The Real Las Vegas: Life Beyond the Strip* [A verdadeira Las Vegas: a vida além da Strip], p. 85. Quer dizer, se decidirmos confiar nessa fonte.

"A maior taxa de desistência entre alunos do ensino médio." Confirmado pelo livro *The Grit Beneath the Glitter* [Os cascalhos debaixo das luzes]; no entanto, as estatísticas são de 1999.

"O maior índice de insolvência civil." Confirmado por Bob Lawless em *Bankruptcy Filing Rates by District, April 2006–March 2008* [Taxa de falência por distrito: de abril de 2006 a março de 2008], em *CreditSlips.org*.

"E o maior número de divórcios do país inteiro, todos os anos." Confirmado pelo livro *The Grit Beneath the Glitter* [Os cascalhos debaixo das luzes]; mas é, ainda assim, uma estatística muito antiga.

"De acordo com a diretora executiva da WestCare, a única instituição da cidade dedicada ao tratamento de doenças mentais, uma média de 500 residentes por mês busca tratamento psiquiátrico em Vegas, mas cerca de 49% deles nunca recebe ajuda." A maior parte dessa frase está certa, de acordo com o texto *"Mind Matters"* [Questões da mente], de Larry Wills, no *Las Vegas Mercury*, de 29 de abril, 2004. Mas essa estimativa foi feita no texto por uma mulher chamada JoAnn Lujan, que é diretora executiva do "centro de triagem de crises" na WestCare, e não diretora da organização inteira.

De fato, num país em que uma média de 33 leitos hospitalares para cada 100 mil pacientes são destinados para o tratamento psiquiátrico, Las Vegas reserva apenas quatro leitos em cada 100 mil para tratar de seus doentes psiquiátricos.
Especulações dizem que essa escassez de tratamento para os doentes psiquiátricos contribui para aumentar o número de sem-teto na cidade. De acordo com um relatório do ano 2000, publicado pelo *Las Vegas Sun*, a taxa de desabrigados em Las Vegas quase quadruplicou nos anos 1990 – de 2 mil pessoas em 1989 para 18 mil em 1999 –, um aumento que motivou os eleitores de Las Vegas a concordar com novas leis de "qualidade de vida", por meio das quais dezenas de varreduras foram realizadas desde então, alegando "comportamento irresponsável de pedestres, obstrução de calçada e outras infrações como desculpas para prender os sem-teto e limpar áreas problemáticas", levando a Coalizão Nacional para os Sem-Teto a chamar Las Vegas de "a cidade mais cruel da América", em 2003.
Contudo, segundo a *Las Vegas Perspective* de 2005, produzida pela Agência de Desenvolvimento de Nevada, uma média de 8 mil pessoas se muda para a cidade a cada mês.

"De fato, num país em que uma média de 33 leitos hospitalares para cada 100 mil pacientes são destinados para o tratamento psiquiátrico, Las Vegas reserva apenas quatro leitos em cada 100 mil para tratar de seus doentes psiquiátricos." Isso pode ser confirmado em relação a Clark County, de maneira geral. Mas não vale especificamente para

Las Vegas. Além disso, as estatísticas falam de 4,5 leitos por 100 mil habitantes, e não de quatro leitos por 100 mil (*"Five Reasons WestCare Needs To Be Saved"* [WestCare precisa ser salva por cinco motivos], de Damon Hodge, *Las Vegas Weekly*, 15 de julho, 2004).

"Especulações dizem..." John não fornece nenhuma fonte para sustentar a afirmação de que alguém está especulando sobre esse assunto. Ou talvez ele esteja fazendo especulações. Ele pode ser o sujeito no verbo "dizem" que usou no texto?

"De acordo com um relatório do ano 2000, publicado pelo *Las Vegas Sun*, a taxa de desabrigados em Las Vegas quase quadruplicou nos anos 1990 – de 2 mil pessoas em 1989 para 18 mil em 1999..." Os números em si estão corretos. Mas há um problema com o cálculo do aumento da taxa. Se aceitarmos os números como são, a taxa que vai de "2 mil" para "18 mil" desabrigados, naquele período de tempo, configura um aumento de 4,88 – melhor caracterizado pela afirmação "quase quintuplicou", e não "quadruplicou".

"...um aumento que motivou os eleitores de Las Vegas a concordar com novas leis de "qualidade de vida", por meio das quais dezenas de varreduras foram realizadas desde então, alegando "comportamento irresponsável de pedestres, obstrução de calçada e outras infrações como desculpas para prender os sem-teto e limpar áreas problemáticas"..." Confirmado pela *Associated Press*, "Vegas Rated Nation's Meanest City" [Vegas é considerada a cidade mais cruel do país], 5 de agosto, 2003.

"...levando a Coalizão Nacional para os Sem-Teto a chamar Las Vegas de "a cidade mais cruel da América", em 2003." Idem.

"Contudo, segundo a *Las Vegas Perspective* de 2005, produzida pela Agência de Desenvolvimento de Nevada, uma média de 8 mil pessoas se muda para a cidade a cada mês." Confirmados o nome da organização e o da publicação. Mas o número médio de recém-chegados à cidade foi, na verdade, mais perto de 8,5 mil, e não de 8 mil, de acordo com o mapa "População Recém-Chegada". O documento indica que mais de 102.200 pessoas se mudaram para Las Vegas em 2004. Quando se divide esse número por 12 meses, a média é de 8.520 pessoas. John deve ter algum problema com questões matemáticas.

É a região metropolitana que mais cresce na América. Como resultado, a escassez de terras na Grande Las Vegas se tornou tão acentuada que um jornal local uma vez noticiou que dois novos terrenos de 8 mil metros quadrados surgem a cada hora em Las Vegas, e em cada um deles são espremidas, em média, oito casas de três quartos. A revista *Fortune* chamou Las Vegas de "o melhor lugar do país para abrir qualquer tipo de negócio". *Retirement Places* afirmou que é "a comunidade mais desejável do país para viver os anos de aposentadoria".

E a revista *Time* deu a Las Vegas o título de "a nova cidade símbolo da América", no mesmo ano em que um estudo chamado "Estresse Social nos Estados Unidos" colocou Las Vegas entre as cidades mais estressantes para se viver.

Para cada cinco novos residentes que se mudam para Las Vegas, três nativos vão embora.

"É a região metropolitana que mais cresce na América." Não existe uma fonte para essa afirmação específica, mas Nevada é mesmo o estado que mais cresce e Las Vegas está, de fato, em Nevada – e representa a maior parte do estado. Porém, é possível que outros estados, maiores em tamanho e com índices médios de crescimento mais baixos, tenham bolsões com taxas de crescimento superiores às de Vegas. Na melhor das hipóteses, John está forçando a mão para encaixar esse fato nos seus argumentos e pelo menos eu estou chocado.

"Como resultado, a escassez de terras na Grande Las Vegas se tornou tão acentuada que um jornal local uma vez noticiou que dois novos terrenos de 8 mil metros quadrados surgem a cada hora em Las Vegas, e em cada um deles são espremidas, em média, oito ca-

sas de três quartos." Confirmado pelo texto de Hubble Smith, *"Execs: Affordable Housing in Las Vegas Hinges on Planning"* [Executivos: Imóveis acessíveis dependem de planejamento]. *Las Vegas Review-Journal*, 13 de fevereiro, 2003.

"A revista *Fortune* chamou Las Vegas de 'o melhor lugar do país para abrir qualquer tipo de negócio'." Confirmado pela *Fortune*, 1998.

"*Retirement Places* afirmou que é 'a comunidade mais desejável do país para viver os anos de aposentadoria'." Contestável: O texto foi publicado em 1995, e não em 1994, e o título correto da revista é *Retirement Places Listed*.

"E a revista *Time* deu a Las Vegas o título de 'a nova cidade símbolo da América'..." Confirmado pelo livro *The Grit Beneath the Glitter* [Os cascalhos debaixo das luzes], p. 127.

"...no mesmo ano em que um estudo chamado 'Estresse Social nos Estados Unidos' colocou Las Vegas entre as cidades mais estressantes para se viver." Esse estudo foi realizado em 1986, quase uma década antes da revista *Time* apontar Las Vegas como "a nova cidade símbolo da América", o que esvazia a ironia que parece ter sido o objetivo de John ao forçar a mão dizendo que as duas coisas ocorreram no mesmo ano. (*The Grit Beneath the Glitter* [Os cascalhos debaixo das luzes], p. 136.)

"Para cada cinco novos residentes que se mudam para Las Vegas, três nativos vão embora." Contestável: De acordo com *"Seekers, Drawn to Las Vegas, Find a Broken Promised Land"* [Exploradores, atraídos por Las Vegas, encontram uma terra de promessas não cumpridas], de Dean E. Murphy, *The New York Times*, 30 de maio, 2004: "Segundo o demógrafo do estado de Nevada, Jeff Hardcastle, alguns estudos estimam que, para cada duas pessoas que chegam a Las Vegas e arredores de Clark County, uma pessoa vai embora. Os dados mais recentes da Receita Federal estabelecem uma taxa mais próxima de 1,5 para 1". Nenhuma dessas taxas se iguala à afirmação que John fez de 5 para 3. A mais recente chega perto com 5 para 3,33. Se a gente não se importar de abrir mão desse um terço de pessoa, acho que funciona.

Mas, John, seria fácil corrigir isso se você reformulasse a frase.

John: Talvez eu esteja sendo chato aqui, mas não acho que "Para cada cinco novos residentes que se mudam para Las Vegas, três e um terço vão embora" tem a mesma ressonância sintática.

3

Comecei a trabalhar como voluntário no Centro de Prevenção contra o Suicídio em Las Vegas depois de me mudar para a cidade a fim de ajudar minha mãe. Para entrar no centro, tive de assinar uma "carta de intenção", fazer uma doação de 100 dólares em dinheiro e participar de um curso de três semanas sobre os problemas da cidade com o suicídio.
"Algumas pessoas falam que a culpa é das drogas, ou do estresse, e claro que um monte de gente acha que o jogo é a causa dos suicídios", explicou Marjorie Westin, a diretora do centro. "Mas passei minha vida adulta inteira estudando os problemas da cidade e nenhuma dessas teorias é correta. A verdade é que ninguém quer saber o motivo por trás dos suicídios."
Marjorie Westin fundou o Centro de Prevenção contra o Suicídio em Las Vegas quando ainda era uma estudante de graduação, 35 anos atrás. Existem 23 pessoas que se revezam como voluntárias para o centro e sempre uma delas está disponível, recebendo telefonemas em sua própria casa. Essa é uma variação da linha de emergência padrão em que

"Comecei a trabalhar como voluntário no Centro de Prevenção contra o Suicídio em Las Vegas depois de me mudar para a cidade a fim de ajudar minha mãe. Para entrar no centro, tive de assinar

uma 'carta de intenção', fazer uma doação de 100 dólares em dinheiro e participar de um curso de três semanas sobre os problemas da cidade com o suicídio." John tem essa "carta de intenção" em suas notas, ela afirma que voluntários não podem discutir com a imprensa o que se passa na linha direta (algo que ele, aliás, parece estar violando). Mas não consigo encontrar nenhum recibo da doação. Também não consigo encontrar nenhuma confirmação dessa mudança que ele fez para Las Vegas a fim de "ajudar [sua] mãe". John, você tem algum recibo de mudança ou do Centro de Prevenção contra o Suicídio que possa me mandar por fax? Além disso, é possível conseguir o telefone de sua mãe para que ela possa confirmar essa cronologia de eventos?

John: Não tenho o hábito de pedir recibo de doações. E você não vai chegar nem perto da minha mãe.

"'Algumas pessoas falam que a culpa é das drogas, ou do estresse, e claro que um monte de gente acha que o jogo é a causa dos suicídios', explicou Marjorie Westin, a diretora do centro." A síntese dessa frase aparece nas notas de John, embora em outra ordem sintática. Além disso, ele mudou o nome dessa mulher; o verdadeiro nome dela é Dorothy Bryant. E também, só para você saber: no pacote das *Normas Administrativas e Processos do Centro de Prevenção contra o Suicídio de Clark County* (mais sobre isso daqui a pouco), existe uma seção que diz: "declarações ou informações serão dadas para veículos da mídia ou para divulgação apenas por pessoal autorizado com a aprovação do diretor. Nenhuma declaração ou história deve mencionar o centro de prevenção ou seus serviços sem essa autorização específica". Nas margens, John escreveu, acho que retoricamente: "Eu poderia simplesmente mudar o nome de todo mundo, inclusive da instituição?". Acho que ele mesmo acabou respondendo essa pergunta...

"Existem 23 pessoas que se revezam como voluntárias para o centro..." Contestável: De acordo com uma matéria no *Las Vegas Mercury*, existem 30 voluntários na linha direta de Las Vegas, mas o texto foi publicado dois anos depois de John ter sido voluntário, então o número de voluntários pode ter aumentado (*"Lifes on the Line"* [Vidas em risco], de Andreu Kiraly, *Las Vegas Mercury*, 16 de dezembro, 2004).

"...e sempre uma delas está disponível, recebendo telefonemas em sua própria casa." Confirmado por *"Calling for Help"* [Pedindo ajuda], de Joan Whitley, *Las Vegas Review-Journal*, 9 de março, 2000.

"Essa é uma variação da linha de emergência padrão em que dois atendentes treinados respondem juntos às ligações, dando suporte um para o outro enquanto trabalham numa central." Confirmado por Stacy Willis em *"Stopping Suicide: Nevada Lags Behind Nation in Prevention Programs"* [Acabando com o suicídio: no cenário nacional, Nevada está defasado em programas de prevenção], *Las Vegas Sun*, 23 de novembro, 2001.

dois atendentes treinados respondem juntos às ligações, dando suporte um para o outro enquanto trabalham numa central.

Mas dado o volume de ligações que recebe, e a escassez de voluntários para o trabalho, o Centro de Prevenção contra o Suicídio em Las Vegas emprega um serviço local de atendimento que avalia as chamadas recebidas na linha de emergência e encaminha as "importantes" para o voluntário da vez.

Às vezes, porém, mesmo o American Telephone Answering Service [Serviço Americano de Atendimento Telefônico] fica sobrecarregado. Às vezes, ele pede às pessoas que telefonam para deixar mensagens para o Centro. Às vezes, indica linhas de emergência de outros estados. Às vezes, não consegue nem atender as ligações. De acordo com uma pesquisa do *Las Vegas Sun*, em 2001, apenas 55% das chamadas feitas pelo jornal chegaram a ser atendidas, de fato, por um voluntário.

No meu primeiro dia de aula no Centro de Prevenção contra o Suicídio, fui de carro pela Flamingo Road, no sentido leste, à procura do escritório onde funciona a linha de emergência, a quilômetros de distância da Las Vegas Strip, debaixo dos muitos elevados que levam para fora da cidade.

"...o Centro de Prevenção contra o Suicídio em Las Vegas emprega um serviço local de atendimento que avalia as chamadas recebidas..." Idem.

"Às vezes, porém, mesmo o American Telephone Answering Service [Serviço Americano de Atendimento Telefônico] fica sobrecarregado. Às vezes, ele pede às pessoas que telefonam para deixar mensagens para o Centro. Às vezes, indica linhas de emergência de outros estados. Às vezes, não consegue nem atender as ligações. De acordo com uma pesquisa do *Las Vegas Sun*, em 2001, apenas 55% das chamadas feitas pelo jornal chegaram a ser atendidas, de fato, por um voluntário." Tecnicamente, os dados brutos estão corretos. Mas o que o jornal fez foi mais um teste informal e não uma "pesquisa" científica. Eles telefonaram para a linha direta 20 vezes e foram atendidos por um voluntário em 11 dessas 20 vezes, o que dá 55%. A matéria diz também que "um telefonema não foi atendido, dois receberam sinal de fax e seis foram para um serviço de atendimento… [e] desses que foram para o serviço de atendimento, cinco foram encaminhados para outras linhas diretas fora da cidade e uma pessoa foi orientada a deixar uma mensagem" (*"Stopping Suicide: Nevada Lags Behind Nation in Prevention Programs"* [Acabando com o suicídio: no cenário nacional, Nevada está defasado em programas de prevenção], *Las Vegas Sun*, 23 de novembro, 2001). Uma matéria no *Review-Journal* afirma: "Às vezes, o centro de prevenção de Las Vegas, que se apresenta como um serviço 24 horas, não tem ninguém para atender os telefonemas. Nesses períodos sem voluntários – que somam cerca de 18 horas por semana, de acordo com o diretor –, seu serviço de atendimento encaminha as chamadas para as linhas diretas estaduais de prevenção contra o suicídio coordenadas pelo centro de Reno" (*"Suicide-Prevention Experts Say More Needs to be Done to Reach Vulnerable People"* [É preciso fazer mais para atender a população vulnerável, dizem especialistas em prevenção contra o suicídio], de Joan Whitely, *Las Vegas Review-Journal*, 9 de março, 2000). No entanto, apesar de afirmarem que às vezes as chamadas são encaminhadas para linhas diretas fora da cidade, ambas as matérias não mencionam em lugar nenhum "números de atendimento de outros estados".

"**...fui de carro pela Flamingo Road, no sentido leste, à procura do escritório onde funciona a linha de emergência, a quilômetros de distância da Las Vegas Strip, debaixo dos muitos elevados que levam para fora da cidade."** De acordo com o Google Maps, a rota pela Flamingo Road é mesmo no sentido leste da Las Vegas Strip. Mas, dependendo do ponto de partida de John ou de onde ele estava morando, não fica claro se ele teria de fato ido no sentido leste por essa rua para chegar lá. De qualquer forma, se ele parte da Strip, a rota pela Flamingo Road e depois pela Sandhill Road não cruzaria com nenhuma rodovia interestadual, embora ele afirme que sim. Mas ele está correto ao afirmar que ela fica "a quilômetros de distância" da Strip – exatos 7 quilômetros.

Peguei a Sandhill Road e segui ao sul por mais alguns quilômetros empoeirados, uma rua tão afastada dos pontos que os turistas costumam visitar que, quando pedi informações para uma mulher parada em um ponto de ônibus, ela fez que não com a cabeça e olhou bem para a placa do meu carro que era de outro estado.
"Não", disse ela, desviando o olhar, "não tenho como te ajudar".
No caminho para o Centro de Prevenção, existem asilos, estacionamentos de *trailers* e hotéis cor-de-rosa com um ou dois andares que alugam quartos por mês. Há o restaurante Omelet House, o bar Mugshots Lounge e a lavanderia Al Phillips' Cleaners – LAVAMOS BANDEIRAS DE GRAÇA. Existe um cruzamento com a Desert Inn Road onde seis centros comerciais pequenos dividem espaço nas quatro esquinas da rua. Há a imobiliária 24-Hour Real Estate – ABERTO 24 HORAS! –, a agência de talentos Helene – CONSULTAS GRÁTIS – e a pet shop Jane's Attractive Birds – LEVE TRÊS, PAGUE UM. Existem o salão Famous Nails, a loja Rapid de materiais médicos e, num estacionamento que de outra forma estaria vazio, há uma pequena frota de furgões roxos usados na tosa de cães.
Na mesma quadra do Centro de Prevenção contra o Suicídio, fica um bar sem álcool chamado Easy Does It – AS PORTAS QUE DEUS ABRE NENHUM HOMEM CONSEGUE FECHAR –, uma loja de jogos que faz testes de HIV e um bicicletário com uma corrente e um cadeado abandonados.

O Centro de Prevenção, como pude verificar, fica em um prédio de salas comerciais sem número – um agrupamento

"Peguei a Sandhill Road e segui ao sul por mais alguns quilômetros empoeirados, uma rua tão afastada dos pontos que os turistas costumam visitar..." O documento que tenho confirmando a localização do centro diz que ele fica na South Sandhill Road, 3.342. Mas, de novo, de acordo com o Google Maps, isso fica a apenas 2 quilômetros da Flamingo Road e você teria de seguir na direção norte para chegar lá, e não sul.

"*...quando pedi informações para uma mulher parada em um ponto de ônibus...*" Não há nenhum registro dessa conversa nas anotações de John. Se ele não anota nada durante entrevistas, acho que também não anota nada enquanto dirige.

"*No caminho para o Centro de Prevenção, existem asilos... e, num estacionamento que de outra forma estaria vazio, há uma pequena frota de furgões roxos usados na tosa de cães.*" Empurrãozinho factual: A maioria desses estabelecimentos teve seu verdadeiro nome alterado por John: "The Helene Gregory Talent Center", "Tweety Nails" e "Rapid Medical Supplies Inc.". Além disso, as anotações de John falam em furgões cor-de-rosa usados na tosa de cães, e não roxos. De acordo com catálogos locais, Mugshots Lounge fica na North Boulder Highway, 1.120, em Henderson, Nevada, a 11 quilômetros do local citado no texto. Omelet House fica na North Boulder Highway, 316, em Las Vegas (também longe desse local). E Al Phillips Cleaners fica na East Desert Inn Road. O mais surpreendente é que a Rapid Medical Supplies e a 24-Hour Real Estate ficam mesmo na interseção a que John parece se referir aqui.

John: Precisei de uma palavra com duas sílabas, então mudei a cor para "roxo". De novo, não acho que seja uma alteração que comprometa alguma coisa.

Jim: E as outras alterações?

"**...um bar sem álcool chamado Easy Does It...**" O nome "Easy Does It" e a frase aparecem nas anotações de John, embora eu não tenha encontrado o bar listado em nenhum catálogo para confirmar sua localização.

"**...uma loja de jogos que faz testes de HIV...**" As anotações de John indicam uma loja de jogos. Mas nada a respeito dos testes de HIV. John também não cita o nome dessa loja de jogos nas anotações, então fica difícil confirmar que ela fica onde ele diz que fica.

"**...e um bicicletário com uma corrente e um cadeado abandonados.**" Nenhuma referência a isso nas anotações. Mas parece improvável que, em uma cidade tão dependente de carros como Las Vegas, exista um bicicletário em algum ponto distante da Strip. Já acho difícil encontrar bicicletário onde eu moro – e aqui é uma cidade cheia de *hipsters* que adoram bicicleta.

"**O Centro de Prevenção, como pude verificar, fica em um prédio de salas comerciais sem número – um agrupamento de agências de trabalhos temporários, operadores de telemarketing, advogados especializados em danos pessoais e uma organização que chama a si mesma de Backyards of America, Inc...**" As anotações de John descrevem o escritório como parte de um predinho de estuque; os outros detalhes que John cita a respeito dessa estrutura não aparecem em lugar nenhum. No entanto, existe uma "Backyards of America" nas páginas amarelas do catálogo de Las Vegas e isso já é alguma coisa.

de agências de trabalhos temporários, operadores de telemarketing, advogados especializados em danos pessoais e uma organização que chama a si mesma de Backyards of America, Inc. –, onde todas compartilham um único banheiro, uma única secretária e uma mesa de reunião no meio do único saguão do prédio.

"Gostaria que a gente tivesse nossa própria central de telefonistas", disse Marjorie. "E, se a gente tivesse uma boa quantidade de recursos e voluntários suficientes, é claro que seria melhor ter um time de pessoas trabalhando aqui. Mas todos os anos, sem falta, ocorrem 300 suicídios na cidade de Las Vegas. Isso significa um suicídio a cada 26 horas. Se temos 23 voluntários em turnos de seis horas, bom... faça a conta. É uma batalha perdida."

Em comparação, a linha de emergência em Reno, no interior do estado, é um centro que opera 24 horas por dia com uma equipe de 65 voluntários, cada um deles recebe 56 horas de treinamento, e todos são certificados pela Associação Americana de Suicidologia.

"Algumas pessoas acham que o Centro de Prevenção em Reno é melhor do que o nosso", disse Marjorie. "Mas a linha direta deles opera em uma cidade de 400 mil habitantes, e o orçamento anual deles é de 100 mil dólares.

"...ocorrem 300 suicídios na cidade de Las Vegas. Isso significa um suicídio a cada 26 horas. Se temos 23 voluntários em turnos de seis horas, bom... faça a conta. É uma batalha perdida." Esse número está inflado, de acordo com a estimativa de 264 suicídios por ano em Las Vegas, feita pelo próprio estado de Nevada. Isso significa algo como um suicídio a cada 33 horas. (Embora seja um pouco melhor do que o número informado pela diretora, ainda é uma estimativa impressionante.) Mas o número está incorreto até mesmo dentro da fala da diretora porque, se houve 300 suicídios em um ano, então a taxa seria de um a cada 29 horas.

"Em comparação, a linha de emergência em Reno, no interior do estado, é um centro que opera vinte e 24 por dia com uma equipe de 65 voluntários, cada um deles recebe 56 horas de treinamento, e todos são certificados pela Associação Americana de Suicidologia." Essa Associação Americana de Suicidologia existe de fato. E o *site* do grupo de Reno (que, na verdade, é chamado de "Central de Atendimento de Crises") confirma que eles são certificados por essa organização, embora o *site* indique que é a organização como um todo que é certificada e não seus membros individualmente. Acho que isso é aceitável. Mas o *site* do grupo diz também que eles têm 70 voluntários treinados, e não 65. E, em vez de serem treinados por 56 horas, o *site* diz que "os voluntários da Central de Atendimento de Crises e do Apoio a Vítimas de Violência Sexual recebem mais de 60 horas de treinamento intensivo em um período de seis semanas". No entanto, existe uma matéria do *Las Vegas Review-Journal* nas anotações de John que cita os números de 65 voluntários e 56 horas. Então não sei como proceder aqui. De novo, não significa que John está inventando as coisas, mas que está usando fontes que contradizem umas às outras.

"'Mas a linha direta deles opera em uma cidade de 400 mil habitantes, e o orçamento anual deles é de 100 mil dólares. A população de Las Vegas é quase cinco vezes maior e a taxa de suicídio, seis vezes maior. O máximo que consegui de recursos foi 15 mil dólares.'" Esses números parecem ter sido inventados por alguém. De acordo com o Censo do ano 2000, Reno tem 180 mil habitantes, mas acho que o número que John está citando diz respeito à população de Washoe County, que é de 339.486 habitantes. De acordo com o mesmo Censo, Las Vegas tem uma população de 478.434 pessoas, enquanto Clark County tem 1.375.765 habitantes. Mas, ainda que a gente usasse os números incorretos, não se pode dizer que 1,3 milhão de pessoas é "cinco vezes" a população de Reno. Mesmo estimativas mais recentes para Las Vegas e Clark County (em comparação com as populações na época em que Levi morreu) são de 570 mil e 1.710.551, respectivamente. Então esses números não prestam, não importa como eles sejam apresentados. No que diz respeito ao dinheiro dado para o centro de Las Vegas, uma matéria de 2001 no *Las Vegas Sun* confirma que 100 mil dólares foram repassados ao centro de Reno pelo governo do estado, mas o *site* do grupo diz que seu orçamento anual é de 1 milhão de dólares (nas palavras dele, "A lista de apoiadores inclui pessoas físicas, o governo, empresas e fundações, além de contratos de prestação de serviço e da United Way..."). A linha direta de Vegas recebeu 10 mil dólares de Clark County e 5 mil dólares de Las Vegas – embora eu duvide que esse valor seja de fato o maior que já tenham recebido, sobretudo se estiverem recebendo doações de outras fontes, como a doação que John alegou ter feito. Acho que depende de como você interpreta o que vem a ser "recursos" e se eles se referem apenas a montantes pagos pelo poder público ou se doações privadas também devem ser consideradas.

A população de Las Vegas é quase cinco vezes maior e a taxa de suicídio, seis vezes maior. O máximo que consegui de recursos foi 15 mil dólares.
A linha direta de Reno não é melhor. Reno é que é melhor. É uma cidade que se importa."
Ao longo do meu treinamento com outros dois voluntários, fiquei sabendo daquilo que Marjorie chama de "o telefonema perfeito".
"O melhor telefonema", disse ela, "consegue responder a cinco questões básicas. Primeiro, quem está falando? Obviamente, você quer saber como a pessoa do outro lado da linha se chama para usar o nome dela durante a conversa, fazendo com que se sinta mais confortável. Depois, o que essa pessoa está planejando? Ela só quer conversar ou ela tem uma arma na mão? Depois, onde ela está? Ela está em casa, no carro, em um lugar público? Temos um monte de hotéis em Las Vegas, certo? E 'Como lidar com telefonemas dos hotéis mais importantes' é um capítulo do nosso manual que vai te ajudar numa situação como essa. Agora, quando essa pessoa quer se matar? É claro que existe uma diferença entre alguém que teve um dia ruim e alguém que acabou de engolir um monte de Seconal. E assim chegamos à questão do 'como'. Falamos sobre armas e falamos sobre pílulas, mas existem muitas outras formas de se matar: asfixia, cortes, enforcamento, imolação..."
"Vocês não querem saber 'por quê'?", perguntei durante a aula.

"Não", disse Marjorie. "Nós nunca perguntamos 'por quê'."

"Por que não?", perguntei.

"Meu querido, perguntar 'por que' é algo que se faz em uma terapia. Nós não conseguimos lidar com isso na linha de emergência. O que nós temos a oferecer é informação – como, por exemplo, onde conseguir a ajuda de um terapeuta. Perguntar 'por que' é como abrir uma lata cheia de minhocas. Vai por mim, isso só complica as coisas. Você não quer perguntar 'por quê'."

"Por que você tem essa sensação de que o mundo vai acabar?", perguntei para alguém que telefonou na minha primeira noite como voluntário.

"Porque ele não tem como começar."

Eu estava na casa de minha mãe, recebendo as chamadas que o serviço de atendimento encaminhava para o meu celular.

A televisão estava ligada.

A gata estava deitada de barriga para cima.

Minha mãe estava confeccionando bijuterias para ganhar um dinheiro extra.

Um homem ligou para se masturbar enquanto sussurrava: "Estou tão sozinho".

Um monte de gente desligou depois de ficar um tempo sem falar nada, ou de ficar só respirando.

Uma mulher ligou enquanto chorava durante o jornal da noite, de notícias locais, gritando para mim: "Vagabunda!", assim que começou a previsão do tempo.

"'...o telefonema perfeito'. [etc.]" Partes dessa conversa e as citações até o ponto em que ele começa a receber telefonemas estão nas anotações, mas faltam algumas coisas. E também não consigo encontrar esse "manual" na caixa de materiais que John enviou para nós. John, você tem um "manual" de verdade que possa mandar para mim?

John: Mandei tudo o que eu tinha.

"'...'Como lidar com telefonemas dos hotéis mais importantes' é um capítulo do nosso manual...'" De novo, não sei o que John quis dizer com "manual" aqui. Parece que essa informação veio de uma folha de papel avulsa tirada de um fichário com três argolas. Não dá para dizer que é um "capítulo" de um "manual". E a folha tem também uma fonte completamente diferente de todas as outras.

John: Sim, e daí? Era um trabalho com poucos recursos, Jim. O que você está insinuando?

"'...Seconal.'" De acordo com os Institutos Nacionais da Saúde, Seconal é uma marca comercial do secobarbital e é um medicamento "usado para tratar insônia (dificuldade para dormir ou de manter um sono contínuo). É também usado para aliviar a ansiedade antes de uma cirurgia. Secobarbital faz parte de uma classe de medicamentos chamada barbitúricos e seu efeito é a diminuição da atividade no cérebro".

"Minha mãe estava confeccionando bijuterias para ganhar um dinheiro extra." Como ele não quer me dar o contato da mãe, não consigo confirmar essa informação, nem se ela tem mesmo um gato ou não, e se precisa mesmo de "um dinheiro extra". Embora ela tenha de ser muito talentosa para conseguir um dinheiro extra vendendo artesanato.

John: Tenha muito cuidado com o que fala, imbecil.

"Um homem ligou para se masturbar enquanto sussurrava: 'Estou tão sozinho'." Eu meio que consigo confirmar essas ligações pelo "Registro de Prevenção contra Suicídios". Ele tem só uma página, no entanto, e detalha apenas três telefonemas naquela noite: de um cara que "se masturbou enquanto falava comigo" (na anotação de John), outro que desligou na cara dele e um da mulher que ele cita em seguida. Aliás: que nojo.

"Um monte de gente desligou depois de ficar um tempo sem falar nada, ou de ficar só respirando." Confirmado.

"Uma mulher ligou enquanto chorava durante o jornal da noite, de notícias locais, gritando para mim: 'Vagabunda!', assim que começou a previsão do tempo." Essa ligação foi registrada, de certa forma. Mas não com os detalhes que John oferece no texto. As anotações mencionam uma ligação às 18h53 (supostamente no horário do jornal local). O trecho informa: "Mulher telefonou, muito perturbada + difícil de entender, explicou que ela (pensou que) era uma vagabunda, que tinha sido estuprada". O resto parece ter sido criado pela imaginação de John.

Naquela noite, passei seis horas sentado com o manual no meu colo, abrindo às vezes no capítulo Que fazer e o que não fazer – "Jamais desafie uma pessoa a 'acabar com tudo de uma vez'" – e às vezes no capítulo sobre Fatos e fábulas a respeito do suicídio – "Existe a crença de que o suicídio seja contagioso entre adolescentes" – e às vezes no capítulo com Informações úteis – "Se alguém ligou para você é porque, com certeza, precisa de ajuda" –, mas não conseguia entender quais informações eu deveria usar, o quanto deveria falar, o quanto deveria ouvir, o quão amigável deveria ser, o quanto deveria me sensibilizar.
Naquele verão, na linha de emergência, percebi muito rápido que não sei como resolver um problema se esse problema é uma solução para alguém.
As pessoas ligavam para a linha direta e eu procurava ser compreensivo. Em vez de dizer "não", "você está exagerando" e "vai ficar tudo bem", eu ficava sentado concordando com a cabeça e esquecia que havia respostas que eu tinha de dar.

"Naquela noite, passei seis horas sentado com o manual no meu colo, abrindo às vezes no capítulo Que fazer e o que não fazer – 'Jamais desafie uma pessoa a "acabar com tudo de uma vez"'..." Contestável: Mais uma vez, para ficar registrado, preciso dizer que não são exatamente "capítulos", mas folhas avulsas que lembram mais memorandos; e elas estão reunidas em um fichário com títulos como "Centro de Prevenção contra o Suicídio: que fazer e o que não fazer" e "Saiba que fazer e o que não fazer" (não sou revisor, mas acho que faltou um artigo ali e deveria ser: "O que fazer e o que não fazer"). Em todo caso, a origem daquela primeira citação do "manual" está, na verdade, na segunda folha, "Saiba...", e não em "Que fazer e o que não fazer".

John: Chamo de "manual" porque é assim que o pessoal da linha direta se refere ao documento. E chamo de "capítulos" porque "capítulos" funciona melhor que "folha avulsa de papel". Não vou escrever "abrindo às vezes na folha avulsa de papel intitulada QUE FAZER E O QUE NÃO FAZER..."

"...e às vezes no capítulo sobre FATOS E FÁBULAS A RESPEITO DO SUICÍDIO – 'Existe a crença de que o suicídio seja contagioso entre adolescentes'..." Confirmado pela folha "Fatos e fábulas".

"...e às vezes no capítulo com INFORMAÇÕES ÚTEIS – 'Se alguém ligou para você é porque, com certeza, precisa de ajuda'..." Essa frase não está no "manual". Ela veio, na verdade, das anotações que John fez durante uma aula. Parece ser uma citação de "Marjorie", a diretora do centro.

"As pessoas ligavam para a linha direta e eu procurava ser compreensivo. Em vez de dizer 'não', 'você está exagerando' e 'vai ficar tudo bem', eu ficava sentado concordando com a cabeça e esquecia que havia respostas que eu tinha de dar." Os registros não citam as coisas que ele disse para as pessoas, só as coisas que as pessoas disseram para ele. Então não tenho como confirmar isso.

No entanto, a cada telefonema que recebia, meu instinto era o de mexer no manual volumoso do Centro de Prevenção, nas listas do que fazer, de pegar um pacote de doces Swedish Fish, de alcançar para minha mãe uma haste com uma pena alaranjada, de atrair a atenção da gata de minha mãe, fazer com que olhasse para mim, para quebrar a monotonia.
Era um sábado de calor e o vento soprava forte, mas não entrava em casa.
A lua apareceu. Apenas pela metade.
Um garoto ligou, mas não falou quase nada.
E assim meu turno continuou com *Hitler and the Occult* [Hitler e o oculto], *Trading Spaces: Boston* [Espaços cambiáveis: Boston] e o jornal local do fim de noite, em que foi mostrado um lençol branco, cheio de manchas, amarrotado no chão. Luzes azuis. Os calçados de alguém. O pavilhão vermelho de entrada do hotel Stratosphere, ao redor do qual tinha sido demarcado um perímetro com fita amarela.

"No entanto, a cada telefonema que recebia, meu instinto era o de mexer no manual volumoso do Centro de Prevenção, nas listas do que fazer, de pegar um pacote de doces Swedish Fish, de alcançar para minha mãe uma haste com uma pena alaranjada, de atrair a atenção da gata de minha mãe, fazer com que olhasse para mim, para quebrar a monotonia." Acho que insistir na história do "manual" não vai levar a nada, mas mesmo assim quero deixar registrado que esse documento é particularmente mirrado. "Swedish Fish" está escrito certo (verifiquei a página deles na *web*). E vou tentar confirmar se a mãe dele tem mesmo um gato, porque acho que John se ofenderia de novo se eu só perguntasse qual é o nome do gato.

"Era um sábado..." Como o texto deixa implícito que a pessoa que ligou para John foi Levi Presley e que ele ligou no dia em que morreu, consigo confirmar que era mesmo um sábado, como detalhado na primeira seção do texto.

"...de calor..." Idem, na primeira seção.

"...e o vento soprava forte, mas não entrava em casa." Já indiquei que essa informação é imprecisa, pois não havia vento forte naquela noite, no horário da morte de Levi Presley, que era quando John estava supostamente trabalhando na linha direta.

"A lua apareceu. Apenas pela metade." Também indiquei que essa informação é falsa. Apenas 12% da lua estava visível naquela noite.

"Um garoto ligou, mas não falou quase nada." Embora John tenha feito anotações em seu caderno sobre os telefonemas do masturbador e da "vagabunda", ele não fez anotações sobre esse garoto que ele insinua ser/mais tarde supõe ter sido Levi. Como isso é importante: John?

John: Não vejo problema. No próprio texto, menciono que não dei muita importância quando esse garoto ligou. Não me pareceu importante até eu ficar sabendo da morte de Levi naquela noite. Não haveria nenhuma necessidade de escrever sobre o telefonema no meu caderno; nada nele foi importante.

Jim: Porém, você fez anotações sobre masturbadores, pessoas ofegantes e uma autointitulada "vagabunda". Por que não anotar algo sobre essa ligação também, tendo em vista que parece não ter havido muitos atendimentos naquela noite – pelo menos de acordo com suas anotações. Em outras palavras, parece que você não estava ocupado demais para anotar alguma coisa sobre o telefonema desse garoto. Além disso, mais adiante no texto, na seção sete, você cita essa conversa com o garoto verbatim, apesar de ela "não ter parecido importante" e de você não ter anotado nada sobre essa ligação.

    John: Usei minha memória, Jim. E sua acusação é inconveniente.

    Jim: Só estou fazendo o meu trabalho. E me pediram para ser muito rigoroso. John, por favor, entenda. E OK, aceito seu argumento. Você usou sua memória.

"E assim meu turno continuou com *Hitler and the Occult* [Hitler e o oculto], *Trading Spaces: Boston* [Espaços cambiáveis: Boston]..." Surpreendentemente, esse programa sobre Hitler existe de verdade e é apresentado em detalhes na *homepage* de um certo Jerry Craw, um analista de sistemas e programador de computadores aposentado que, aparentemente, tem um banco de dados enorme com os sumários de suas 4.512 fitas de videocassete usadas para gravar programas de TV, "com mais de 13.414 títulos... disponíveis para amigos e familiares". A exibição de *Trading Spaces: Boston* também foi confirmada.

"...e o jornal local do fim de noite, em que foi mostrado um lençol branco, cheio de manchas, amarrotado no chão. Luzes azuis. Os calçados de alguém. O pavilhão vermelho de entrada do hotel Stratosphere, ao redor do qual tinha sido demarcado um perímetro com fita amarela." Não existem anotações a respeito disso e, mais uma vez, isso é estranho dada a importância que John quer imprimir ao fato. Também não consegui nenhuma referência para corroborar esse "pavilhão vermelho de entrada" no Stratosphere Hotel. Fonte?

    John: É de tijolos, portanto: vermelho. E a área ao redor da entrada é uma extensão ampla de espaço vazio que estou chamando de pavilhão.

    Jim: OK. É justo, acho, se você quer inventar um nome que soe oficial. Mas quando fui ao Stratosphere, não havia nada "vermelho" nessa entrada. O acesso, como afirmei antes, era só de tijolos. E os tijolos que vi eram marrons.

4

Estima-se que apenas 40% dos suicídios são consequência de desequilíbrio químico. Os 60% restantes são causados por "fatores indeterminados".
Sabemos que as chances das pessoas se matarem em uma cidade são quatro vezes maior do que em qualquer outro tipo de ambiente.
Também sabemos, no entanto, que zonas rurais podem ser ruins.
Assim como a faixa de horário entre o meio-dia e as seis da tarde.
Ou o mês de maio.
Ou o inverno.

O objetivo das estatísticas nessa seção parece ser menos o de fazer uma série de afirmações factualmente verdadeiras do que mostrar que existem muitas afirmações inconsistentes sobre suicídio. Portanto, nessa seção, procurei evidências de que as coisas afirmadas por John foram pelo menos ditas por alguém – em algum lugar, em algum momento – em vez de verificar a verdade do que está sendo dito. Para ser razoável, não tentei cruzar informações de cada estudo feito sobre fatores de risco ligados ao suicídio, nem mesmo a credibilidade dos estudos que consultei. Em outras palavras, vou me conter aqui e dar alguma margem de manobra para John.

"Estima-se que apenas 40% dos suicídios são consequência de desequilíbrio químico. Os 60% restantes são causados por 'fatores indeterminados.'" Nenhuma referência para essa afirmação e não consegui encontrar esse dado em lugar nenhum. Muito provavelmente, "[John] estima que...".

"Sabemos que as chances das pessoas se matarem..." Para começar, a generalização do termo "pessoas" é problemática. Ela diz respeito às pessoas do mundo inteiro, de todas as culturas, ou só aos americanos? Ou considera apenas as pessoas no mundo desenvolvido onde esse tipo de estudo é realizado e onde existe um registro estatístico mais rigoroso? Além disso, quase todos os estudos que encontrei parecem limitados a específicos grupos culturais, socioeconômicos e geográficos. Essa afirmação é muito vaga para ter qualquer mérito.

"...em uma cidade são quatro vezes maior do que em qualquer outro tipo de ambiente." "Confirmado": *"Differences Between Urban and Rural Suicides"* [Diferenças entre suicídios em zonas rurais e urbanas], de E. Isometsa et al., *Acta Psychiatrica* 95 (1997): 297–305. No entanto, esse periódico é da Finlândia, então não sei até que ponto ele é relevante para a argumentação que John está tentando construir.

"Também sabemos, no entanto, que zonas rurais podem ser ruins." Também confirmado: *"Suicide Numbers Up in Rural Iowa"* [Número de suicídios aumenta na zona rural de Iowa], *Daily Iowan*, 11 de junho, 2010.

"Assim como a faixa de horário entre o meio-dia e as seis da tarde." Inconsistência de fonte: Encontrei um relatório que sugere que o horário entre 8h e 11h da manhã é particularmente perigoso para quem tem 45 anos ou mais, enquanto que o horário das 16h às 19h é perigoso para pessoas mais jovens (*"Diurnal Variations in Suicide by Age and Gender in Italy"* [Variações diurnas em suicídio por idade e gênero na Itália], de A. Preti e P. Miotto, *Journal of Affective Disorders* 65, n. 3 [agosto de 2001]: 253–261. Outro artigo afirma, no entanto, que "tentativas de suicídio eram mais frequentes das 18h às 21h entre homens e das 15h às 18h entre mulheres" (*"Climatic and Diurnal Variation in Suicide Attempts in the ED"* [Variação diurna e climática em tentativas de suicídio no pronto-socorro], *American Journal of Emergency Medicine* 21, n. 4 (julho de 2003): 271). Não parece haver um consenso sobre essa questão.

"Ou o mês de maio." Confirmado: Um estudo diz que "uma variação sazonal significativa foi detectada em tentativas de suicídio com um padrão marcadamente bi-sazonal entre mulheres com picos nos meses de maio e outubro; apenas um padrão cíclico foi observado em homens com um pico no verão" ("*A Comparison of Seasonal Variation between Suicide Deaths and Attempts in Hong Kong SAR*" [Uma comparação de variação sazonal entre mortes e tentativas de suicídio em Hong Kong RAE], *Journal of Affective Disorders* 81, n. 3 [setembro de 2004]: 251-257.) Vários outros estudos indicam um pico também na primavera.

"Ou o inverno." Confirmado: O transtorno afetivo sazonal (TAS) e seus efeitos colaterais têm sido analisados com frequência como, por exemplo, em "*Seasonal Affective Disorders*" [Transtorno afetivo sazonal], de S. Atezaz Saeed e Timothy J. Bruce; em "*American Family Physician*" [Médico da família americana], 15 de março, 1998. Porém, outro artigo ("*Seasonal Variation of Suicides and Homicides in Finland: With Special Attention to Statistical Techniques Used in Seasonality Studies*" [Variação sazonal de suicídios e homicídios na Finlândia: com atenção especial às técnicas estatísticas usadas nos estudos de sazonabilidade], de Helinä Hakko) afirma que existe vasta documentação mostrando que a primavera e o verão têm os maiores índices de suicídio, enquanto o inverno tem os menores, e que "os fatores que provocam depressão no inverno e no verão também podem ser fatores de risco para suicídio. No entanto, existem poucos estudos que de fato investigaram a prevalência de TAS entre vítimas de suicídio ou a ocorrência de suicídio entre pacientes com TAS. Em um estudo complementar com pacientes que sofrem de transtorno afetivo sazonal, apenas um de 124 pacientes foi identificado como vítima de suicídio (Thompson et al., 1995)". No entanto, como alguns estudos mencionam o inverno, podemos aceitar essa informação, considerando que tudo que ele quer aqui é sugerir que alguns pesquisadores afirmaram isso. Certo.

Se você não bebe café, suas chances de cometer suicídio são três vezes maior do que se você bebesse.

Idem se você for uma mulher que toma pílula em vez de usar diafragma, se for um homem com tatuagens no pescoço ou nos antebraços, se for uma criança de olhos verdes, se tiver restaurações de amálgama.

Se você nasceu sob os signos de Áries, Gêmeos ou Leão: isso é ruim.

É mais provável que você queira se matar na lua nova do que na lua cheia.

"Se você não bebe café, suas chances de cometer suicídio são três vezes maior do que se você bebesse." Confirmado: *"A Prospective Study of Coffee Drinking and Suicide in Women"* [Um estudo prospectivo sobre consumo de café e suicídio em mulheres], *Archives of Internal Medicine* 156, n. 5 (11 de março, 1996): 521–525.

"Idem se você for uma mulher que toma pílula em vez de usar diafragma..." Confirmado: Encontrei um estudo que afirma, especificamente, que características hormonais das pílulas anticoncepcionais podem levar ao suicídio. Supostamente, o diafragma não tem o mesmo efeito (*"Do the Emotional Side Effects of Hormonal Contraceptives Come from Pharmacologic or Psychological Mechanisms?"* [Os efeitos colaterais dos contraceptivos hormonais são causados por mecanismos psicológicos ou farmacológicos?], *Medical Hypotheses* 63, n. 2 [2004]: 268–273).

"...se for um homem com tatuagens no pescoço ou nos antebraços..." Foi conduzido um estudo sobre a relação entre a ocorrência de tatuagens em homens jovens e a prevalência do suicídio que cita tatuagens como um possível fator de risco, explicando que "tatuagens podem ser marcas possíveis de letalidade tanto para suicídio quanto para mortes por acidente em jovens, possivelmente por causa de fatores de risco compartilhados como uso de drogas e transtornos de personalidade", mas que, "para atestar o valor clínico das tatuagens em jovens com impulsos suicidas, é preciso realizar mais estudos" ("*A Case-Control Study of Tattoos in Young Suicide Victims as a Possible Marker of Risk*" [Um estudo de caso-controle sobre tatuagens como um possível fator de risco em jovens vítimas de suicídio], *Journal of Affective Disorders* 59, n. 2 [agosto de 2000]: 165–168).

"**… se for uma criança de olhos verdes …**" Isso parece absurdo demais para ser verificado.

"**…se tiver restaurações de amálgama.**" Confirmado: Aparentemente, restaurações podem aumentar o risco de suicídio se elas tiverem mercúrio em sua composição, uma vez que depressão e pensamentos suicidas são sintomas de intoxicação por mercúrio ("*The Dental Amalgam Issue*" [A questão do amálgama dental], de DAMS Inc., agosto de 2005).

"**Se você nasceu sob os signos de Áries, Gêmeos ou Leão: isso é ruim.**" Não consegui encontrar nada que chegasse perto de confirmar isso, o que faz sentido. Porque tenho sérias dúvidas de que qualquer médico que se preze seria capaz de procurar padrões astrológicos no suicídio. John deve ter inventado isso.

"**É mais provável que você queira se matar na lua nova do que na lua cheia.**" Por incrível que pareça, o resumo de um estudo sobre "*Lunar Association with Suicide*" diz que – pelo menos entre participantes recrutados em Cuyahoga County, Ohio, entre 1972 e 1975 –, quando você analisa a ocorrência de suicídios por ano, mês, dia da semana, feriado e fase lunar, "apenas a fase lunar tem evidências de uma variação significativa na taxa de suicídio: um aumento é observado nessa amostra com relação à lua nova, mas não com relação à lua cheia" ("*Lunar Association with Suicide*" [Relação da lua com o suicídio], *Suicide and Life Threatening Behavior* 7, n. 1 [primavera de 1977]: 31–39).

Ainda mais se não tiver um animal de estimação, se tiver uma arma, se ganhar um salário entre 32 mil dólares e 58 mil dólares por ano.
Mais ainda se for homem.
Se for branco.
Se tiver mais de 65 anos.
E ajuda se você vive em qualquer lugar dos Estados Unidos que não seja Nevada, Wyoming, Alaska ou Montana, embora os especialistas não saibam dizer por quê.
Assim como não descobriram por que os americanos nativos tinham a tendência de se matar com mais frequência do que qualquer outro grupo, porém, 15 anos atrás, pararam de se matar significativamente.
Eles não sabem por que, de maneira geral, os brancos tendem a se matar com armas de fogo, enquanto os negros tendem a se envenenar, hispânicos tendem a se enforcar e adolescentes, a se cortar.

"Ainda mais se não tiver um animal de estimação..." Confirmado: Um guia do Instituto de Saúde Mental da Flórida, chamado "Prevenção contra o Suicídio de Jovens" diz que "responsabilidade por animais de estimação" diminui os riscos de suicídio, então suponho que o inverso faça sentido.

"...se tiver uma arma..." Confirmado. Isto é *verbatim*: "Onde há mais armas, há mais suicídios, concluiu o Conselho Nacional de Pesquisa em um relatório sobre diretrizes para armas de fogo publicado no último inverno. As áreas com índices mais altos de posse de arma têm índices mais altos de suicídio, mesmo quando há controle de outros fatores associados ao suicídio, como os índices de divórcio e de desemprego. Em 2002, 31.655 americanos se mataram e, desses, 17.108

se mataram com armas de fogo. A predominância de armas de fogo não é o único indicador dos índices de suicídio. Fatores culturais desempenham um papel-chave. A China, por exemplo, tem menos armas e mais suicídios do que os Estados Unidos. Mas, dentro dos Estados Unidos, a relação é evidente, concluiu o Conselho Nacional de Pesquisa" ("*Fatal Connection: The Link Between Guns and Suicide*" [Conexão fatal: a relação entre armas e suicídio], de Catherine W. Barber, *Harvard Injury Control Research Center*, 26 de setembro, 2005).

"... se ganhar um salário entre 32 mil dólares e 58 mil dólares por ano." Contestável: Estudos mostram, de forma consistente, que a incidência de suicídios tanto na zona urbana quanto na zona rural é maior nos grupos com renda menor, em comparação com a classe média (*"Socio-Economic Inequalities in Suicide: A European Comparative Study"* [Desigualdades socioeconômicas no suicídio: um estudo comparativo europeu], *British Journal of Psychiatry* 2005, 187: 49-54).

"Mais ainda se for homem." Confirmado: *"Men and Suicide"* [Homens e o suicídio], *Men's Health*, 4 de janeiro, 2007.

"Se for branco." Confirmado: *"Black-White Paradox in Suicide"* [Paradoxo entre negros e brancos no suicídio], *Social Science and Medicine* 63, n. 8 (outubro de 2006): 2165-2175.

"Se tiver mais de 65 anos." Confirmado: *"Suicide Among the Elderly: a Fact Sheet"* [Suicídio entre idosos: uma lista de fatos], Estratégia Nacional para a Prevenção do Suicídio, do Departamento de Saúde e Serviços Humanos dos Estados Unidos, 2008.

"E ajuda se você vive em qualquer lugar dos Estados Unidos que não seja Nevada, Wyoming, Alaska ou Montana..." Confirmado pelo site da Associação Americana de Suicidologia, *"Rate, Number, and Ranking of Suicide for Each U.S. State, 2003"* [Taxa, número e ranking de suicídios para cada estado dos Estados Unidos, 2003].

"Assim como não descobriram por que os americanos nativos tinham a tendência de se matar mais do que qualquer outro grupo, porém, 15 anos atrás, pararam de se matar significativamente." Contestável: De acordo com estatísticas do estado de Nevada, houve uma diminuição geral na taxa de suicídios entre americanos nativos nos últimos 15 anos, mas não encontrei evidências de uma redução "significativa" ocorrida 15 anos atrás. Houve anos com taxas altíssimas (1990) e outros com taxas baixíssimas (2000). Mais do que qualquer outra coisa, os números são variáveis. De acordo com o CDC (Centro de Controle e Prevenção de Doenças), a "taxa bruta de mortalidade" causada por "automutilação intencional (suicídio)" foi estranhamente alta em 1990 entre americanos nativos, mas fora isso as taxas oscilaram. É importante notar também que o número de suicídios entre americanos nativos é quase sempre mais alto do que em outras minorias, uma vez que eles ainda cometem suicídio muito mais do que quase todo mundo. De acordo com estatísticas publicadas pelo CDC em 2003, a taxa de suicídio entre americanos nativos não apresenta mudanças significativas desde 1989. Entre 1989 e 1998, a taxa de mortalidade relacionada a armas de fogo aumentou 13% e o homicídio aumentou 20%, mas a taxa de suicídio não teve alteração. Então não sei de onde John tirou a informação que usou aqui e também não sei aonde ele quer chegar com isso.

"Eles não sabem por que, de maneira geral, os brancos tendem a se matar com armas de fogo, enquanto os negros tendem a se envenenar, hispânicos tendem a se enforcar..." Contestável (do ponto de vista factual e linguístico): De acordo com as estatísticas, na verdade, todos os grupos étnicos "tendem" a se matar com armas de fogo, pois todos os grupos étnicos se mataram usando armas de fogo mais do que qualquer outro método. Sim, o percentual de afro-americanos que se envenenou é maior do que em qualquer outro grupo (42% contra uma média de 22%) e o percentual de hispânicos que se enforcou é maior do que em qualquer outro grupo (32% contra uma média de 14%). Mas, tecnicamente, cada grupo ainda "tende" a se matar usando armas de fogo (uma vez que mais de 50% dos que cometeram suicídio usaram armas de fogo). De novo, parece que John está forçando a mão para criar polêmica. Ele poderia dizer que esses grupos, "de forma desproporcionada, tendem a..." e isso seria verdade, embora ainda fosse um pouco equivocado. (*Nevada Vital Statistics* [Estatísticas vitais de Nevada], 2001-2003, p. 322.)

"**...e adolescentes, a se cortar.**" Contestável: Não consegui encontrar dados sobre "adolescentes", especificamente, mas encontrei sobre jovens nas faixas etárias dos 5 aos 14 anos e dos 15 aos 24 anos. De qualquer maneira, das 43 pessoas que se mataram no ano 2000 com idade entre 5 e 24 anos, nenhuma delas foi por "Cortes/Facadas" (*Nevada Vital Stats 2000* [Estatísticas vitais de Nevada 2000], p. 125). Os números de 2001 foram 1 em 37 suicídios e, de 2002, 0 em 40 suicídios em todo o estado de Nevada (*Nevada Vital Statistics* [Estatísticas vitais de Nevada], 2001-2003, p. 323-324). Trata-se de uma invenção pura e simples.

Recentemente, o dr. John Fildes, professor de Medicina na Universidade de Nevada, recebeu 1,5 milhão de dólares do governo federal para estudar o problema do suicídio em Las Vegas e isso explica por que, depois da morte de Levi Presley no hotel Stratosphere, seu consultório foi o primeiro para o qual telefonei em busca de informações sobre suicídios na cidade.
Quando finalmente me encontrei com o dr. Fildes, no entanto, nossa conversa tinha sido adiada quatro vezes em oito meses, os recursos federais tinham acabado muito antes e tudo que ele havia concluído sobre os suicídios de Las Vegas se resumia a não saber quais eram suas causas.

"...o dr. John Fildes, professor de Medicina na Universidade de Nevada..." Nome e cargo confirmados (*"How Cadavers Help Save Lives"* [Como cadáveres ajudam a salvar vidas], de Joseph Allen, *Las Vegas Mercury*, 23 de outubro, 2003).

"...recebeu 1,5 milhão de dólares do governo federal para estudar o problema do suicídio em Las Vegas..." Confirmado: O subsídio é mencionado na *newsletter* da Associação Americana para a Prevenção do Suicídio, junho de 2001. Confirmado: O valor do subsídio aparece em *"Grim Reaping: Suicide Prevention Center Is on Life Support"* [Colheita sinistra: centro de prevenção contra o suicídio corre risco de vida], de Damon Hodge, *Las Vegas Weekly*, 29 de agosto, 2002.

"Quando finalmente me encontrei com o dr. Fildes, no entanto, nossa conversa tinha sido adiada quatro vezes em oito meses, os recursos federais tinham acabado muito antes e tudo que ele havia concluído sobre os suicídios de Las Vegas se resumia a não saber quais eram suas causas." Sem nenhuma referência nas anotações de John.

Por consequência, fui buscar informações sobre suicídios em Las Vegas com o sargento Tirso Dominguez, assessor de Comunicação no Departamento de Polícia Metropolitana de Las Vegas. Mas o sargento Dominguez respondeu à minha solicitação disendo "Não tenho nenhum comentário sobre isso".

Foi com *Reporting on Suicide: Recommendations for the Media and Public Officials* [Notícias sobre suicídio: recomendações para a mídia e funcionários públicos], um panfleto com diretrizes elaborado pelo Centro de Controle e Prevenção de Doenças, que aprendi que "sem comentários" não é uma resposta produtiva para profissionais da mídia que estão escrevendo sobre um suicídio.

Por consequência, fui buscar informações sobre suicídios em Las Vegas com o sargento Tirso Dominguez, assessor de Comunicação no Departamento de Polícia Metropolitana de Las Vegas. Mas o sargento Dominguez respondeu à minha solicitação dizendo "Não tenho nenhum comentário sobre isso". O nome e a patente do sargento Dominguez foram confirmados pelo texto do *Las Vegas Weekly*, "Still Homeless for the Holidays" [Ainda sem-teto nas festas de fim de ano], de Damon Hodge, 6 de dezembro, 2001. E, nas anotações, há evidências de que John falou com Dominguez. No entanto, o mais perto que cheguei de encontrar essa citação foi: "Não quero aparecer num texto que fala sobre um garoto que se jogou do Stratosphere". O sentido é o mesmo, mas John está manipulando as palavras do cara. Acho que fica claro (mais para frente, no texto) que John está tentando usar a palavra "comentário" para contrapor com o que o CDC tem a dizer sobre o assunto. Em outras palavras, ele está manipulando o que o cara disse de verdade para criar um efeito literário e, aparentemente, isso não é um problema para os escritores do gênero literário e nada jornalístico praticado por John – para o qual, aparentemente, ele define todas as regras.

John: Não sei como dizer isso de modo que você entenda, Jim, porque parece que você ainda não entendeu. Mas vou dizer mais uma vez para deixar registrado: não sou jornalista; sou ensaísta. OK? E esse gênero existe há alguns milhares de anos. (Já ouviu falar de Cícero?) As "regras" que uso para escrever não são minhas. Elas foram estabelecidas por escritores que reconheceram a diferença entre a pesquisa bruta do jornalismo e o tipo de investigação que caracteriza o ensaio, uma investigação impulsionada por um monte de fontes diferentes ao mesmo tempo – incluindo ciência, religião, história, mito, política, natureza e até mesmo a imaginação. Existe um pouco mais de liberdade no ensaísmo do que na reportagem. Entretanto, eu também afirmaria que mantive a essência do que Domínguez disse. Com certeza, coloquei palavras na boca dele, mas não coloquei ideias. Ao dizer que "não [quer] aparecer [no] texto", Domínguez está dizendo, basicamente, "sem comentários". Nada aqui foi "manipulado", mas apenas interpretado. E sim, fiz isso para criar um efeito literário, algo que ensaístas fazem e jornalistas não fazem (ou não deveriam fazer).

Jim: Como ainda tenho bastante texto para checar, talvez você possa me ajudar, pois as regras ainda não estão claras para mim. Pelo que você disse, um ensaísta pode escrever o que der na telha e inventar citações que são atribuídas a pessoas reais que vivem no mundo real. É isso mesmo? Se for, não é isso que as pessoas chamam de ficção?

John: Mudei o significado do que foi dito, Jim? Não. Só ajustei a frase de modo que ela se encaixasse um pouquinho melhor no texto e para que ela repercutisse nos outros parágrafos. É o que os escritores fazem.

Jim: OK, agora entendi. A regra é: não existem regras desde que você escreva bonito.

John: É uma interpretação de merda do que acabei de dizer.

Jim: Mas você não era o grande defensor do direito que as pessoas têm de "interpretar"?

"Foi com *Reporting on Suicide: Recommendations for the Media and Public Officials* [Notícias sobre suicídio: recomendações para a mídia e funcionários públicos], um panfleto com diretrizes elaborado pelo Centro de Controle e Prevenção de Doenças, que aprendi que 'sem comentários' não é uma resposta produtiva para profissionais da mídia que estão escrevendo sobre um suicídio." De fato: John "interpretou" a frase no parágrafo anterior de modo que ela "repercutisse" com a recomendação aqui sobre o termo "sem comentários" e, no entanto, ele também "interpretou" os fatos nesse parágrafo. Por exemplo, o título da publicação que John está citando, na verdade, é *Suicide Contagion and the Reporting of Suicide: Recommendations from a National Workshop* [Notícias sobre suicídio e a propagação do suicídio: recomendações de um seminário nacional] – e não, como John sugere, *Reporting on Suicide*. Além disso, a frase exata do manual é: "'Sem comentários' não é uma resposta produtiva para profissionais da mídia que estão escrevendo sobre um suicídio". Esse lance de "interpretar" está meio fora de controle.

    John: Eu só fiz alguns ajustes.
    Jim: Então seus "ajustes" estão fora de controle.

Quando pedi para ver as gravações que a emissora tinha feito em frente ao Stratosphere na noite em que Levi morreu, foi Eric Darensburg, editor de pautas no KLAS Channel 8, em Las Vegas, quem me contou que sua emissora adota a política de jamais gravar imagens em um local de suicídio. E também foi Eric Darensburg que disse, quando forneci a data em que sua emissora tinha exibido aquelas imagens, que o arquivista deles tinha viajado; que o arquivista deles andava muito desorganizado; que ele não conseguiria localizar nenhuma gravação.
Foi de Bob Gerye, diretor da Las Vegas Academy of International Studies and Performing and Visual Arts [Academia de Artes Visuais e Performáticas e de Estudos Internacionais de Las Vegas], onde Levi estudou por dois anos antes de morrer, que não recebi resposta nenhuma depois de pedir que comentasse os efeitos do suicídio em sua escola. Mas foi Bob Gerye que disse, em resposta aos professores, pais e estudantes que pediram que a escola fizesse uma homenagem póstuma: "Não".
"Eu não quero", disse o diretor, "ter que lidar com histeria coletiva".

"Quando pedi para ver as gravações que a emissora tinha feito em frente ao Stratosphere na noite em que Levi morreu, foi Eric Darensburg, editor de pautas no KLAS Channel 8, em Las Vegas, quem me contou que sua emissora adota a política de jamais gravar imagens em um local de suicídio. E também foi Eric Darensburg que disse, quando forneci a data em que sua emissora tinha exibi-

do aquelas imagens, que o arquivista deles tinha viajado; que o arquivista deles andava muito desorganizado; que ele não conseguiria localizar nenhuma gravação." A seção "Calendário de Negócios" de 21 de fevereiro de 2000, no *Las Vegas Review-Journal*, confirma que KLAS é o canal 8, que Darensburg é o "editor de pautas" e que seu nome está escrito certo. Nas anotações de John, há evidências de uma entrevista em que Darensburg explica a "política de não exibir imagens" de suicídio, e de John insistindo que viu as imagens na TV. No entanto, não há nenhuma menção nas anotações de John sobre um "arquivista desorganizado" – só que Darensburg teria que "dar uma olhada/ligar depois" e uma nota dizendo que ele nunca ligou.

"Foi de Bob Gerye, diretor da Las Vegas Academy of International Studies and Performing and Visual Arts..." Nome e cargo do diretor confirmados, assim como a escola, em uma fotocópia da carta enviada pelo diretor para pais, alunos e membros da comunidade que estava nas anotações de John. A escola era uma instituição pública no centro de Las Vegas. No entanto, o nome oficial da escola é "Las Vegas Academy of International Studies, Visual and Performing Arts". Há um "and" a mais inserido por John entre "International Studies" e "Performing", além de ele ter trocado a posição de "Performing" e "Visual", por algum motivo.

John: Sim, fiz essa alteração, mas eu diria que foi para melhor. O nome da escola é muito tosco. Eles usam uma vírgula no nome e isso é ridículo.

"...onde Levi estudou por dois anos antes de morrer..." Confirmado por algumas fotocópias de trabalhos que Levi fez para a escola, apresentadas por John. Mas não consegui confirmar que Levi frequentou a escola por "dois anos" antes de morrer. Porém, ele tinha 16 anos, então isso é provável matematicamente.

"...que não recebi resposta nenhuma depois de pedir que comentasse os efeitos do suicídio em sua escola." Não existe nenhum registro de um comentário assim nas anotações de John, isso significa que, tecnicamente, não existe nenhum registro de um comentário dizendo "sem comentários" – é possível que não tenha havido nenhum comentário e que John não tenha achado necessário fazer um comentário sobre isso em suas anotações. (Sem comentários.)

"Mas foi Bob Gerye que disse, em resposta aos professores, pais e estudantes que pediram que a escola fizesse uma homenagem póstuma: 'Não'." As anotações de John se referem a algo assim, mas sua fonte é incerta. Pelo que entendi, parece que a mãe de Levi relatou o que o diretor disse para ela. Acho que podemos deixar essa passar.

"'Eu não quero', disse o diretor, 'ter que lidar com histeria coletiva.'" A citação que está nas anotações de John é: "Eu não queria ter que lidar com histeria coletiva na turma do último ano".

E foi uma testemunha ocular da morte de Levi no Stratosphere Hotel – um homem que deu depoimento à polícia naquela mesma noite, além de vários depoimentos informais para diversas emissoras de televisão, para um blogger residente em Vegas e para um tabloide semanal – que me disse: "Foda-se", quando pedi uma declaração.
"Esse assunto é privado", disse o homem antes de desligar o telefone.
"O único problema de verdade que Las Vegas enfrenta", disse o crítico cultural Hal Rothman, coordenador do Departamento de História na Universidade de Nevada, "são pessoas que vêm de fora querendo escrever sobre a cidade sem saber merda nenhuma a respeito dela".

"E foi uma testemunha ocular da morte de Levi no Stratosphere Hotel – um homem que deu depoimento à polícia naquela mesma noite, além de vários depoimentos informais para diversas emissoras de televisão, para um blogger residente em Vegas e para um tabloide semanal – que me disse: "Foda-se", quando pedi uma declaração." Não existe nada sobre esse cara nas anotações de John. John, quem é esse cara? Ele aparece nas suas anotações? Posso entrar em contato com ele para confirmar essa conversa?

    John: Ele me disse foda-se. Ele não vai querer falar com você.

    Jim: OK, mas é minha obrigação pelo menos tentar. Qual é o nome desse cara para eu tentar falar com ele?

    John: Não tenho o hábito de revelar a identidade de fontes que pedem para ficar anônimas.

    Jim: Certo. Esqueci que você preza pela ética jornalística. Você

poderia me dar alguma prova da existência dessa fonte? E se eu me comprometer com o sigilo de qualquer coisa que você me revelar e só usar para dizer à revista que existem provas da existência desse cara e da conversa que você teve com ele?
John: Não.

"'Esse assunto é privado', disse o homem antes de desligar o telefone."
De novo, nenhuma evidência.

"'O único problema real que Las Vegas enfrenta', disse o crítico cultural Hal Rothman, coordenador do Departamento de História na Universidade de Nevada..." Nome, cargo e vínculo com a universidade aparecem na página de Rothman no *site* da Universidade de Nevada. Isso não tem nada a ver com o assunto, mas as publicações dele parecem uma lista de livros acadêmicos com títulos e subtítulos terríveis: "Hal K. Rothman é professor de História na Universidade de Nevada em Las Vegas. Considerado um dos maiores especialista [*sic*] do país em turismo e economia pós-industrial, ele é autor dos aclamados livros *Neon Metropolis: How Las Vegas Shed Its Stigma to Become the First City of the Twenty-First Century* [Metrópole de neon: como Las Vegas se livrou de seu estigma para virar a primeira cidade do século XXI] (2002); *Devil's Bargains: Tourism in the Twentieth-Century American West* [Barganha do diabo: turismo no oeste americano do século XXI] (1998), vencedor na categoria de não ficção contemporânea no Spur Awards de 1999, concedido pela Western Writers of America; *Saving the Planet: The American Response to the Environment in the Twentieth-Century* [Salvando o planeta: a resposta americana para o meio ambiente no século XXI] (2000); *LBJ's Texas White House: 'Our Heart's Home'* [A Casa Branca de LBJ no Texas: 'nosso lar do coração'] (2001), que recebeu o prêmio de honra ao mérito da Sociedade Filosófica do Texas em 2002; *The Greening of a Nation?: Environmentalism in the U.S. Since 1945* [Uma nação mais verde?: O ambientalismo nos EUA desde 1945] (1997); *'I'll Never Fight Fire With My Bare Hands Again': Recollections of the First Forest Rangers of the Inland Northwest* ["Nunca mais vou combater o fogo de mãos vazias": recordações dos primeiros guardas-florestais do noroeste continental] (1994); *On Rims & Ridges: The Los Alamos Area Since 1880* [Bordas e cordilheiras: a área de Los Alamos desde 1880] (1992); e *Preserving Different Pasts: The American National Monuments* [Preservando passados diferentes: os monumentos nacionais da América] (1989); e também é editor de *The Culture of Tourism, the Tourism of Culture* [A cultura do turismo, o turismo da cultura] (2003), vencedor do Southwest Book Award da Associação Regional de Bibliotecas da Fronteira em 2003 e do Southwest Book Award da Biblioteca de Tucson-Pima County em 2003; editor de *Reopening the American West* [Reabrindo o oeste americano] (1998); coeditor com Mike Davis de *The Grit Beneath the Glitter: Tales from the Real Las Vegas* [Os cascalhos debaixo das luzes: histórias da verdadeira Las Vegas] (2002); e coeditor com Char Miller de *Out of the Woods: Essays in Environmental History* [Fora da floresta: ensaios sobre história ambiental] (1997)". Mas há um erro importante: Rothman está morto. Ele morreu de esclerose lateral amiotrófica em 2007. Do jeito que John escreveu, parece que o cara ainda está vivo. Além disso, não é de mau gosto atacar assim um cara que já morreu? (Leia mais a seguir.)

"...são pessoas que vêm de fora querendo escrever sobre a cidade sem saber merda nenhuma a respeito dela." Isso foi tirado do livro sobre Las Vegas que Rothman coeditou com Mike Davis, intitulado *The Grit Beneath the Glitter* [Os cascalhos debaixo das luzes]. No entanto, a frase não está certa. A citação correta (que aparece na introdução do livro, escrita por Davis e Rothman e que, no entanto, se refere a Rothman na terceira pessoa) é: "Questionado por um grupo de jornalistas visitantes sobre qual era o maior problema enfrentado por Las Vegas, não é de admirar que Rothman tenha respondido: 'Pessoas que vêm de fora querendo escrever sobre a cidade sem saber merda nenhuma a respeito dela!'". Em primeiro lugar, a afirmação não deveria estar na segunda pessoa, como aparece no texto de John. Em segundo lugar, ele não disse que é "o único problema de verdade" enfrentado por Las Vegas – o que seria uma afirmação absurda em si mesma, considerando que Rothman escreveu sobre Vegas e com certeza sabe quais são os problemas da cidade. Então isso é uma deturpação. Além disso, o homem morreu. Acho que John deveria mostrar um pouco mais de respeito. (*The Grit Beneath the Glitter: Tales from the Real Las Vegas* [Os cascalhos debaixo das luzes: histórias da verdadeira Las Vegas], Hal Rothman e Mike Davis (ed.), University of California Press, 2002.)

As "pessoas" com que Rothman estava falando quando disse isso eram 15 jornalistas jovens da Universidade de Berkeley, na Califórnia, que tinham viajado para Las Vegas, como suspeitava Rothman, para escrever uma série de ensaios sobre o lugar, um projeto que resultou em *The Real Las Vegas: Life Beyond the Strip* [A verdadeira Las Vegas: a vida além da Strip], uma antologia contundente de crítica cultural que, desde então, tem sido encarada como um dos retratos mais perspicazes da cidade desde *Learning from Las Vegas* [Aprendendo com Las Vegas]. Ela foi publicada mais ou menos na mesma época em que saiu o estudo do próprio Rothman, *Neon Metropolis: How Las Vegas Shed Its Stigma to Become the First City of the Twenty-First Century* [Metrópole de neon: como Las Vegas se livrou de seu estigma para virar a primeira cidade do século XXI], uma peça de promoção ostensivamente agressiva que se faz passar por um trabalho de crítica, uma combinação de proxenetismo cultural e mobilização pró-empresários de um escritor que parece gostar de todo predador corporativo que encontra pelo caminho.

De fato, aquela "merda nenhuma a respeito da cidade" sobre a qual, insiste Rothman, só quem mora em Las Vegas têm condições de escrever, raramente é abordado por quem mora na cidade.

"As 'pessoas' com que Rothman estava falando quando disse isso eram 15 jornalistas jovens da Universidade de Berkeley, na Califórnia, que tinham viajado para Las Vegas, como suspeitava Rothman,

para escrever uma série de ensaios sobre o lugar, um projeto que resultou em *The Real Las Vegas: Life Beyond the Strip* **[A verdadeira Las Vegas: a vida além da Strip]...**" Encontrei a confirmação de que alguns alunos da Berkeley visitaram Las Vegas para escrever esse livro em *"Outsiders looking in"* [A visão de forasteiros], um texto sem data da *Gambling Magazine*. Porém, na introdução do livro de Rothman que mencionei antes, não fica claro que Rothman estava mesmo falando com esse grupo específico de estudantes da Berkeley. E há 14 ensaios nesse livro, fora a introdução que foi escrita pelo professor. Apesar de não sabermos se havia mais estudantes do que ensaios publicados, o melhor palpite seria "14 jovens jornalistas", pois duvido que o professor quisesse ser confundido com os jovens. Além disso, esses estudantes estavam em um programa de pós-graduação em jornalismo na Universidade de Berkeley, então não eram tão "jovens" assim. Da maneira como está, parece que eles estão no ensino médio ou coisa parecida.

"**...uma antologia contundente de crítica cultural que, desde então, tem sido encarada como um dos retratos mais perspicazes da cidade desde** *Learning from Las Vegas* **[Aprendendo com Las Vegas].**" O livro da Berkeley é mesmo uma antologia de crítica cultural. E existe mesmo um livro chamado *Learning from Las Vegas*, que foi escrito por Robert Venturi, Steven Izenour e Denise Scott Brown. Mas tudo indica que *Learning from Las Vegas* fala mais sobre arquitetura. Talvez John esteja misturando alhos com bugalhos. Além disso, não consegui encontrar a referência para a frase que se refere ao livro da Berkeley como "um dos retratos mais perspicazes da cidade" desde *Learning from Las Vegas*. Fonte?

    John: De acordo comigo, é o mais perspicaz.
    Jim: Ah... que conveniente.

"**Ela foi publicada mais ou menos na mesma época em que saiu o estudo do próprio Rothman,** *Neon Metropolis: How Las Vegas Shed Its Stigma to Become the First City of the Twenty-First Century* **[Metrópole de neon: como Las Vegas se livrou de seu estigma para virar a primeira cidade do século XXI]...**" Título confirmado na página da Universidade de Nevada, na *web*. Porém, esses dois livros não foram publicados "mais ou menos na mesma época", como afirma John. Eles saíram com três anos de intervalo um do outro; o livro da Berkeley em 1999 e o de Rothman em 2002.

"**...uma peça de promoção ostensivamente agressiva que se faz passar por um trabalho de crítica, uma combinação de proxenetismo cultural e mobilização pró-empresários de um escritor que parece gostar de todo predador corporativo que encontra pelo caminho.**" Descrição do autor e do livro: essa é, obviamente, a opinião pessoal de John sobre o livro, mas vale observar que, a partir de outras resenhas a respeito da obra, a opinião de John não destoa da maioria.

"É mais um sinal do quanto a cidade que mais cresce na América se tornou refém dos barões das apostas", escreveu Sally Denton em um artigo publicado pela *Columbia Journalism Review* em dezembro de 2000. "Parece que essa situação é sustentada por repórteres locais que, a exemplo de políticos eleitos e funcionários públicos, acabam trabalhando em equipes de relações públicas nos cassinos de Las Vegas."
Em 1983, por exemplo, quando Steve Wynn, um proprietário de cassino em Las Vegas, deu entrada em uma licença de jogo na Grã-Bretanha, o jornal *The Independent*, de Londres, revelou que uma investigação da Scotland Yard estabeleceu conexões entre Wynn e uma organização criminosa em Gênova, uma investigação que mais tarde foi citada em anúncios feitos pela editora que publicou um novo livro sobre Steve Wynn, *Running Scared: The Life and Treacherous Times of Las Vegas Casino King Steve Wynn* [Fugindo Assustado: a vida e os tempos traiçoeiros de Steve Wynn, o rei dos cassinos de Las Vegas].

"'É mais um sinal do quanto a cidade que mais cresce na América se tornou refém dos barões das apostas', escreveu Sally Denton em um artigo publicado pela *Columbia Journalism Review* em dezembro de 2000." Nome, publicação, edição e pelo menos esse trecho da citação está correto. Porém, o texto foi escrito por Sally Denton e um sujeito chamado Roger Morris, que foi coautor de um livro inteiro sobre essa questão: *The Money and the Power: The Making of Las Vegas and Its Hold on America* [O dinheiro e o poder: a criação de Las Vegas e sua influência na América]. Não faço ideia de por que John não deu crédito a Morris.

"'Parece que essa situação é sustentada por repórteres locais que, a exemplo de políticos eleitos e funcionários públicos, acabam trabalhando em equipes de relações públicas nos cassinos de Las Vegas.'"
Essa parte da citação está errada. Ela deveria ser: "Essa avaliação parece sustentada por repórteres locais que, a exemplo de políticos eleitos e funcionários públicos, acabam trabalhando em equipes de relações públicas em cassinos".

John: O texto fala de Las Vegas, então "Las Vegas" está implícito nessa frase. No entanto, como estou usando a frase fora de contexto, quis que o leitor tivesse certeza de que os cassinos em questão eram os de Las Vegas. Então encaixei "Las Vegas".

Jim: John, é para isso que servem os colchetes: "...acabam trabalhando em equipes de relações públicas em cassinos [de Las Vegas]".

John: Sei que é para isso que eles servem, Jim. Também frequentei o ensino médio. Só acho que colchetes são feios.

Jim: Se você não colocar "Las Vegas" entre colchetes, a citação fica incorreta.

John: A citação está correta. Qualquer pessoa com o mínimo de inteligência que lesse a citação em seu contexto original seria capaz de entender que ela se refere a Las Vegas. Não existe manipulação nenhuma nessa frase.

Jim: Mas vai ficar parecendo que você foi negligente na sua pesquisa.

John: E eu acho que é "negligência" usar colchetes na frase. Parece que estamos num impasse.

"Em 1983, por exemplo, quando Steve Wynn, um proprietário de cassino em Las Vegas, deu entrada em uma licença de jogo na Grã-Bretanha, o jornal *The Independent*, de Londres, revelou que uma investigação da Scotland Yard estabeleceu conexões entre Wynn e uma organização criminosa em Gênova..." De acordo com a *Columbia Journalism Review*, o jornal *The Independent* falou sobre essa investigação da Scotland Yard em um texto publicado em março de 2000. O jornal não falou sobre a investigação quando ela ocorreu, em 1983. Da maneira como está escrita, a afirmação é enganosa no que diz respeito à cronologia.

"...uma investigação que mais tarde foi citada em anúncios feitos pela editora que publicou um novo livro sobre Steve Wynn, *Running Scared: The Life and Treacherous Times of Las Vegas Casino King Steve Wynn* [**Fugindo assustado: a vida e os tempos traiçoeiros de Steve Wynn, o rei dos cassinos de Las Vegas**]." A maior parte dessa frase foi confirmada pela *Columbia Journalism Review*. Mas a data original de publicação de *Running Scared* é 1995, então o livro não é exatamente "novo". John, você quis dizer "recente"? Além disso, não seria melhor dizer que a conexão entre Steve Wynn e a organização criminosa de Gênova foi feita pelo autor do livro em vez de creditar a editora?

John: A conexão foi feita em um anúncio que a editora divulgou sobre o livro – exatamente como explico na frase. O autor não fez sua própria publicidade, assim como não fez essa conexão no livro em si. A afirmação é correta da maneira como está escrita.

No entanto, embora a reportagem do *Independent* nunca tenha sido questionada, Wynn processou a editora de *Running Scared* pelo que considerava "declarações difamatórias", ganhando 3 milhões de dólares na justiça estadual de Nevada, levando à falência a editora da biografia em questão e ganhando, de certa forma, o apoio dos jornalistas de Las Vegas, tanto que a cobertura feita pelo diário *Las Vegas Review-Journal* – com certeza o jornal mais influente do estado – das alegações que deram origem ao processo se resumiu a apenas um dia, com apenas uma matéria secundária, na página cinco do segundo caderno, debaixo do título com 6 milímetros de altura: "Wynn processa escritor local".

Como contraste, o *Las Vegas Review-Journal* passou semanas cobrindo o prefeito de Las Vegas, Oscar Goodman, quando ele ameaçou processar um escritor chamado James McManus, um repórter de Illinois cujo badalado livro de memórias, *Positively Fifth Street* [Fifth Street, com certeza], faz alegações falsas de que o prefeito teria participado dos planos para assassinar um juiz local:

> Com Jimmy Chagra sendo julgado no Texas por tráfico de heroína, Jack, Ted e Benny Binion se reuniram na mesa número um da cafeteria Horseshoe com Oscar Goodman, o jovem advogado hiperagressivo que defende o réu. O desfecho daquela reunião foi um contrato de 50 mil dólares para Charles

Harrelson, pai do ator Woody, para assassinar o juiz John Wood, ou assim reza a lenda.

"No entanto, embora a reportagem do *Independent* nunca tenha sido questionada, Wynn processou a editora de *Running Scared* pelo que considerava 'declarações difamatórias', ganhando 3 milhões de dólares na justiça estadual de Nevada, levando à falência a editora da biografia em questão e ganhando, de certa forma, o apoio dos jornalistas de Las Vegas, tanto que a cobertura feita pelo diário *Las Vegas Review-Journal* – com certeza o jornal mais influente do estado – das alegações que deram origem ao processo se resumiu a apenas um dia, com apenas uma matéria secundária, na página cinco do segundo caderno, debaixo do título com 6 milímetros de altura: 'Wynn processa escritor local'." Não me dei o trabalho de confirmar se foi esse mesmo o tamanho do título, mas podemos aceitar um pouco de licença poética aqui, até porque o trabalho não valeria a pena, pois é extremamente improvável que John concorde em corrigir isso. Porém, é contestável: Wynn, na verdade, ganhou 3,1 milhões de dólares no acordo, e não "3 milhões".

"Como contraste, o *Las Vegas Review-Journal* passou semanas cobrindo o prefeito de Las Vegas, Oscar Goodman, quando ele ameaçou processar um escritor chamado James McManus, um repórter de Illinois cujo badalado livro de memórias, *Positively Fifth Street* [Fifth Street, com certeza], faz alegações falsas de que o prefeito teria participado dos planos para assassinar um juiz local..." Goodman era mesmo o prefeito de Las Vegas na época, como consta no *site* da cidade.

"Com Jimmy Chagra sendo julgado no Texas por tráfico de heroína, Jack, Ted e Benny Binion se reuniram na mesa número um da cafeteria Horseshoe com Oscar Goodman, o jovem advogado hiperagressivo que defende o réu. O desfecho daquela reunião foi um contrato de 50

mil dólares para Charles Harrelson, pai do ator Woody, para assassinar o juiz John Wood, ou assim reza a lenda." Problema com a citação: O livro coloca vários desses nomes entre parênteses, ao que tudo indica porque os nomes completos deveriam estar implícitos: "Com (Jimmy) Chagra sendo julgado..."; "Jack, Ted e Benny (Binion) se reuniram..."; e "para Charles Harrelson (pai do ator Woody) para assassinar...". Sem os parênteses originais, a citação está incorreta.

Embora as histórias sobre o prefeito de Las Vegas, Oscar Goodman, argumentassem que o pai do ator Woody Harrelson tinha de fato sido contratado, que o juiz John Wood tinha de fato sido assassinado, que o prefeito Oscar Goodman tinha de fato sido defensor de Chagra e que o fato de defender outras figuras de Las Vegas identificadas como integrantes da máfia, na lógica de uma mão lava a outra, tinha rendido vários trabalhos para o prefeito antes de sua eleição; não seria possível confirmar a reunião na cafeteria Horseshoe da maneira descrita por McManus, razão pela qual, como afirmou o *Las Vegas Review-Journal* ao tratar da ação judicial, "o prefeito se ofendeu quando mancharam seu nome", e razão pela qual o *Las Vegas Review-Journal* publicou mais tarde que "o prefeito Oscar Goodman pode ter defendido mafiosos conhecidos, mas isso não significa que ele é um mafioso", e razão pela qual, como também afirmou mais tarde o *Las Vegas Review-Journal*, "a vida de Goodman é cheia de ironias... trata-se de um homem que admite, voluntariamente, conhecer chefes de organizações criminosas e vários membros do Black Book mantido pelos cassinos... trata-se de um homem que exige respeito", e razão pela qual, como enfim explicou o *Las Vegas Review-Journal*, "além de não haver bases factuais para a alegação de que Goodman fez parte de uma conspiração criminosa, esse não foi o único erro cometido no parágrafo. O personagem principal do parágrafo, Jimmy Chagra, foi chamado de traficante de heroína, mas na verdade ele traficava cocaína".

"Embora as histórias sobre o prefeito de Las Vegas, Oscar Goodman, argumentassem que o pai do ator Woody Harrelson tinha de fato sido contratado, que o juiz John Wood tinha de fato sido assassinado, que o prefeito Oscar Goodman tinha de fato sido defensor de Chagra e que o fato de defender outras figuras de Las Vegas identificadas como integrantes da máfia, na lógica de uma mão lava a outra, tinha rendido vários trabalhos para o prefeito antes de sua eleição..."** Todas essas informações estão no livro de John L. Smith, *Of Rats and Men* [De ratos e homens], que teve um trecho publicado pelo *Las Vegas Review-Journal* no dia 21 de setembro, 2003. O livro é mais ou menos um argumento sobre como Goodman ama a máfia e a máfia ama Goodman. Um trecho do livro: "Oscar Goodman admite que encontra raios de esperança nas circunstâncias mais nefastas. Foi assim no processo contra Jamiel 'Jimmy' Chagra. Chagra foi acusado de obstrução de justiça, conspiração para distribuir uma pequena montanha de maconha, conspiração para praticar homicídio e homicídio em si (o assassinato do juiz federal John Wood, de San Antonio)... Goodman argumenta que ele não pagou pela morte do juiz, mas sofreu extorsão após o fato. O assassino Charles Harrelson (pai do ator Woody Harrelson) viu Chagra como um alvo, o que fica comprovado na sua tentativa de trapaceá-lo em centenas de milhares de dólares em um jogo de pôquer manipulado em Las Vegas, e o assassinato de Wood foi a oportunidade da vida de Harrelson". Se não era lenda antes da publicação do livro, com certeza se tornou lenda depois de ele ter sido publicado.

"...não seria possível confirmar a reunião na cafeteria Horseshoe da maneira descrita por McManus, razão pela qual, como afirmou o *Las Vegas Review-Journal* ao tratar da ação judicial, 'o prefeito se ofendeu quando mancharam seu nome'..." A frase exata diz: "O prefeito se ofendeu quando mancharam sua reputação – manchar reputações não é um problema para Goodman, desde que seja ele manchando a reputação alheia – e ameaçou processar" (*"Truth and the Media"* [Verdade e a mídia], de Steve Sebelius, *Las Vegas Review-Journal*, 12 de junho, 2003.)

John: "Nome", "reputação"... que diferença faz?

"...e razão pela qual o *Las Vegas Review-Journal* publicou mais tarde que 'o prefeito Oscar Goodman pode ter defendido mafiosos conhecidos, mas isso não significa que ele é um mafioso'..." A frase exata: "Prefeito Oscar Goodman pode ter defendido mafiosos conhecidos no tribunal. Mas ele quis que o mundo soubesse que ele não era um deles".

John: De novo, mesma essência.

"...e razão pela qual, como também afirmou mais tarde o *Las Vegas Review--Journal*, 'a vida de Goodman é cheia de ironias... trata-se de um homem que admite, voluntariamente, conhecer chefes de organizações criminosas e vários membros do Black Book mantido pelos cassinos... trata-se de um homem que exige respeito'..." A frase exata: "A vida de Goodman é cheia de ironias. Uma das mais óbvias surgiu na tarde de terça-feira, em seu escritório na Prefeitura, enquanto falava com repórteres: Trata-se de um homem que admite, voluntariamente, conhecer chefes de organizações criminosas e vários membros do Black Book mantido pelos cassinos enquanto defende ferozmente a própria reputação. Trata-se de um homem que exige respeito..."

John: De novo, a essência é a mesma. Só deixei a frase menos verborrágica.

"...e razão pela qual, como enfim explicou o *Las Vegas Review-Journal*, 'além de não haver bases factuais para a alegação de que Goodman fez parte de uma conspiração criminosa, esse não foi o único erro cometido no parágrafo. O personagem principal do parágrafo, Jimmy Chagra, foi chamado de traficante de heroína, mas na verdade ele traficava cocaína.'" A frase exata: "Além de não haver bases factuais para a alegação de que Goodman esteve envolvido em uma conspiração criminosa, esse não foi o único erro cometido no parágrafo. O personagem principal do parágrafo, Jimmy Chagra, foi chamado de traficante de heroína, mas na verdade ele traficava cocaína e maconha". Talvez John goste do tom irônico de encerrar com "cocaína", mas, infelizmente, é incorreto terminar a frase nesse ponto (*"Inaccuracies Don't Impair Sales of Book That Led to Goodman Complaint"* [Incorreções não afetam as vendas de livro que inspirou denúncia de Goodman], de John L. Smith, *Las Vegas Review-Journal*, 13 de junho, 2003).

John: Por que é incorreto? Só cortei a menção à maconha para deixar a frase mais contundente. Se deixássemos "maconha" lá – dependurada de um jeito esquisito no fim da fase –, nós não mudaríamos o sentido da frase nem faríamos o cara parecer melhor ou pior de qualquer forma. Preciso dizer que não vejo sentido nesse tipo de "exatidão". A razão de ser da frase é a comparação entre heroína e cocaína.

No fim, foi uma cobertura local tão triunfantemente bem-sucedida para o prefeito Oscar Goodman que, poucas semanas depois, no *New York Times Book Review*, um anúncio de página inteira foi publicado com uma carta de desculpas endereçada ao prefeito Goodman, assinada pelo editor do livro de McManus. No anúncio, havia uma foto do prefeito Goodman, de braços cruzados, sorridente, sentado de pernas abertas e seguro de si, sob o reluzente casco de vidro do hotel Stratosphere.

"Na nossa cidade, procuramos evitar qualquer coisa que possa perturbar os turistas", disse a senadora Dina Status a respeito de sua jurisdição, o sétimo distrito de Clark County, em Las Vegas, Nevada. "Se for uma pitada de realidade que não é bonita, nós queremos dar um jeito nela. Você não quer entrar em contato com a realidade quando está aqui em busca de fantasia."

"...poucas semanas depois, no *New York Times Book Review*, um anúncio de página inteira foi publicado com uma carta de desculpas endereçada ao prefeito Goodman, assinada pelo editor do livro de McManus. No anúncio, havia uma foto do prefeito Goodman, de braços cruzados, sorridente, sentado de pernas abertas e seguro de si, sob o reluzente casco de vidro do hotel Stratosphere." Descrição do anúncio confirmada em um texto do *Las Vegas Review-Journal*, com o apropriado título de *"Full-Page Apology to Goodman Appears in* New York Times" [Pedido de desculpas a Goodman aparece em anúncio de página inteira no *New York Times*], publicado no dia 8 de julho, 2003.

"'Na nossa cidade, procuramos evitar qualquer coisa que possa perturbar os turistas', disse a senadora Dina Status a respeito de sua jurisdição, o sétimo distrito de Clark County, em Las Vegas, Nevada. 'Se for uma pitada de realidade que não é bonita, nós queremos dar um jeito nela. Você não quer entrar em contato com a realidade quando está aqui em busca de fantasia.'" Confirmado: É uma frase tirada de *Las Vegas: An Unconventional History* [Las Vegas: uma história não convencional], um documentário sobre a cidade que foi exibido pela PBS como parte da série *American Experience*, em 2005.

5

"Mas é claro que as pessoas aqui são paranoicas com suicídio", explicou o médico legista Ron Flud, do Instituto Médico Legal. "Quer dizer, afeta os negócios, afasta os turistas. A sobrevivência de todo mundo depende da imagem da cidade. E suicídio afeta essa imagem."
De fato, Ron Flud foi o único funcionário público na Grande Las Vegas que concordou em falar sobre suicídio.
"Eu descubro fatos", disse ele, "esse é o meu trabalho, é o que eu faço. Para mim, não faz sentido omitir informações".
O Instituto Médico Legal, em Las Vegas, é feito de estuque e com teto plano, é pequeno e escuro, e encaixado em um distrito de escritórios de advocacia, escritórios de contabilidade, consultórios psiquiátricos e bancos. Dentro dele, não se vê lençóis manchados de sangue cobrindo corpos no saguão de entrada, nem recipientes de vidro espalhados por toda parte cheios de um líquido turvo e amarelado, nem pessoas com aventais pretos de borracha andando pelos corredores e empunhando ferramentas prateadas e brilhantes.

"'Mas é claro que as pessoas aqui são paranoicas com suicídio', explicou o médico legista Ron Flud, do Instituto Médico Legal. Problema: De acordo com o *site* do Instituto Médico Legal de Clark County, Ron Flud não é mais o médico legista. Alguém chamado P. Michael Murphy é o médico legista. Porém, Flud é citado como o ex-médico legista em um texto que encontrei no *Las Vegas Review-Journal* (*"Clark County Coroner Rules That French Inmate Died of Asphyxia"* [Médico legista de Clark County determina que preso francês morreu de asfixia], de Ryan Oliver, *Las Vegas Review-Journal*, 13 de fevereiro, 2001). Sugiro que John mude para "o ex-médico legista" ou "o médico legista à época".

John: "O médico legista à época"? Você está falando sério?

"...Ron Flud foi o único funcionário público na Grande Las Vegas que concordou em falar sobre suicídio." Não consigo confirmar se ele foi ou não "o único" funcionário público que concordou falar. Mas, nas anotações de John, há sinais de uma frustração enorme com um monte de gente que se recusou a falar com ele.

"'Eu descubro fatos', disse ele, 'esse é o meu trabalho, é o que eu faço. Para mim, não faz sentido omitir informações.'" Outro problema: Na verdade, não há nenhuma evidência dessa conversa com Flud nas anotações de John. Nenhuma mesmo. Encontrei uma nota que diz: "13h – almoço – Olive Garden, Ron Flud/IML", mas nenhuma evidência de que essa conversa tenha mesmo ocorrido. Talvez essa tenha sido mais uma das entrevistas "casuais" de John.

"O Instituto Médico Legal, em Las Vegas, é feito de estuque e com teto plano, é pequeno e escuro, e encaixado em um distrito de escritórios de advocacia, escritórios de contabilidade, consultórios psiquiátricos e bancos." As anotações de John também não têm nenhuma evidência dessa visita ao Instituto Médico Legal. No entanto, baseado em uma imagem de satélite do centro de Las Vegas, ele parece estar na vizinhança de vários escritórios de advocacia, escritórios de contabilidade, consultórios psiquiátricos e bancos, e ele parece ter o teto plano, embora eu não consiga confirmar o estuque. No entanto, trata-se de um prédio isolado com uma área de estacionamento ao redor dele, próximo de outros prédios isolados com áreas de estacionamento ao redor deles. Não acho que a gente possa afirmar que o prédio está "encaixado" em qualquer coisa.

"Dentro dele, não se vê lençóis manchados de sangue cobrindo corpos no saguão de entrada, nem recipientes de vidro espalhados por toda parte cheios de um líquido turvo e amarelado, nem pessoas com aventais pretos de borracha andando pelos corredores e empunhando ferramentas prateadas e brilhantes." Essa afirmação é difícil de analisar. Ele está sugerindo que o Instituto Médico Legal não estava assim na visita que ele fez em um determinado momento? Ou que ele nunca é assim e nunca seria assim? De qualquer forma, acho que essas hipóteses parecem muito improváveis, embora não possa provar que elas nunca aconteceram.

John: Quê? Significa que não vi nenhuma dessas merdas enquanto estava lá – que é um lugar com uma aparência comum, em outras palavras. É para ser uma afirmação óbvia e divertida. É claro que não haveria corpos por toda parte... caramba.

Na verdade, as únicas evidências de que o lugar é responsável por determinar a causa da morte de quase todo mundo em Vegas são um pequeno cartaz na entrada – Atenção, diretores de funerárias –, uma placa da Base Aérea de Nellis – Em reconhecimento pelos serviços prestados – e a observação que alguém fez para uma secretária ao passar rápido por ela – "Obrigado pelo caixão de chocolate, Pam".
"Acho que todo mundo aqui se sente mais confortável", disse Ron, "se a gente for discreto".
Aliás, não havia uma palavra para suicídio na língua grega antiga.
Nunca houve uma em hebraico, muito menos em latim e nem uma palavra em chinês.

"Na verdade, as únicas evidências de que o lugar é responsável por determinar a causa da morte de quase todo mundo em Vegas são um pequeno cartaz na entrada – Atenção, diretores de funerárias –, uma placa da Base Aérea de Nellis – Em reconhecimento pelos serviços prestados – e a observação que alguém fez para uma secretária ao passar rápido por ela – 'Obrigado pelo caixão de chocolate, Pam.'" Também não encontrei nada nas anotações. Percebe como isso está virando um padrão? Hoje, a secretária que trabalha lá se chama "Nicole". Mas acho que "Pam" é um bom nome para uma secretária de Instituto Médico Legal com um senso de humor mórbido. É por isso que ele alterou o nome?

"'Acho que todo mundo aqui se sente mais confortável', disse Ron..."
Ei, se serve de ajuda, não deixar cadáveres ensanguentados na recepção já é meio caminho andado. Mas, de qualquer forma, não sei o que fazer aqui – nada disso aparece nas anotações.

"Aliás, não havia uma palavra para suicídio na língua grega antiga. Nunca houve uma em hebraico, muito menos em latim e nem uma palavra em chinês." Contestável: Havia, definitivamente, termos para suicídio em grego e em latim; só não havia radicais para essas palavras. Mandei um e-mail para um amigo meu que é estudante de pós-graduação na área de Linguística em Harvard e ele me enviou a seguinte explicação: "O escritor que você citou está tecnicamente certo porque, nessas duas línguas clássicas, as composições óbvias ou os sintagmas verbais óbvios só existem com pronomes reflexivos – um exemplo comum no latim seria: *mihi mortem consisco*, 'incorrer na minha morte', ou em grego: *apotassomai toi bioi*, 'separar [a si mesmo] da vida'. Além disso, o grego tem compostos nominais que só podem ser interpretados com 'a si mesmo': *autokheir*, que significa, literalmente, 'ter as próprias mãos para si mesmo'. O que quero dizer é que, sim, tecnicamente, ambos os idiomas clássicos carecem de um radical com o significado básico de 'suicídio' (vale dizer que *suicídio*, sendo uma palavra de origem latina, é uma composição em latim para 'matar a si mesmo', *sui* + *caedo*). Mas, não obstante, ainda seria equivocado dizer que 'não havia uma palavra para suicídio' em grego e em latim. Com certeza, gregos e romanos podiam expressar a ideia se eles quisessem". Além dessa explicação, de acordo com o *site Etymology Online*, existe de fato uma palavra para suicídio no moderno latim de Igreja, *suicidium*, que significa "morte deliberada de si mesmo", derivado do protoindo-europeu *s(w)e*, que significa "a própria vida", e *cidium*, que significa "uma morte". Além disso, o uso de outro termo, *felo-de-se*, data de 1728 e significa, literalmente, "culpado no que diz respeito a si mesmo" e era usado, com frequência, para descrever suicídio. A questão é que havia palavras para suicídio. John, você poderia esclarecer o que quis dizer com "não havia uma palavra para suicídio"?

John: Bom, antes de mais nada, o que você chama de "latim de Igreja" é o latim vulgar e o latim vulgar é besteira. Ele surgiu mil anos depois dos romanos da Antiguidade. Mas, de qualquer forma, não entendi o que você quis dizer porque, de acordo com seu camarada de Harvard, eu estou certo.

Jim: Vamos em frente: no que diz respeito ao chinês, a afirmação também é problemática. Aqui, presumo que John está falando de mandarim? Não existe uma "língua chinesa". O "chinês" é um conjunto de línguas que são próximas, mas mutuamente ininteligíveis, das quais o mandarim, ou "mandarim padrão", é a mais comum – e é a ele que as pessoas se referem quando falam em "chinês". O trecho a seguir é de um e-mail de Matt Rutherford, outro amigo meu que fazia pós-graduação em estudos do Oriente Médio, em Harvard: "Caro Jimmy, a palavra para suicídio em chinês (mandarim) é *zi-sha*, dois caracteres: *zi* significa 'a si mesmo' (reflexivo) e *sha* significa 'matar'. Assim, *zi-sha* quer dizer 'matar a si mesmo'. Agora, tecnicamente, não existe um símbolo único que signifique 'suicídio'. Os chineses têm de usar o reflexivo assim como os gregos. No entanto, não sei se é correto procurar um significado nisso. Os chineses têm várias palavras que só podem ser representadas com uma combinação de caracteres. Você poderia argumentar que a palavra chinesa para enforcamento (como uma forma de punição) é *gua-si*, literalmente 'morte-forca', e que, como não existe uma palavra única para o enforcamento como forma de punição, os chineses não acreditam em pena de morte. Mas é claro que isso seria equivocado, pois a China mata mais prisioneiros do que qualquer outro país do mundo. Então *zi-sha* (suicídio) é uma forma gramatical perfeitamente comum em chinês e essa forma reflexiva é encontrada em vários outros casos. O fato de que não existe um símbolo único para manifestar essa ideia é verdade, mas usar isso para tirar qualquer conclusão sobre a cultura seria errado. Ainda assim, se o cara quiser tirar conclusões, ele que tire. Com licença poética e tudo. No entanto, só quero deixar claro que existe uma palavra comum para suicídio em chinês e que o conceito existe na China há milhares de anos. (Imperadores eram conhecidos por enforcar a si mesmos em árvores quando sua dinastia estava prestes a ser derrotada por hordas invasoras, por exemplo)". Porém, no que diz respeito ao hebraico, não tenho tanta certeza. John, você tem alguma fonte para isso? Consultei alguns dicionários e não consegui encontrar, e também não consegui respostas com nenhum dos meus amigos que estudam linguística em Harvard.

John: Hum, não tenho certeza. Talvez se você falar com alguém de Yale? Ou de Dartmouth? Você tentou falar com alguém de Dartmouth?

Jim: Já entendi, que seja.

E, até 300 anos atrás, também não havia uma em inglês.

"Acho que é por isso que o suicídio é a coisa mais ameaçadora que podemos enfrentar como membros de uma cultura", disse Ron. "É uma manifestação de dúvida, é o incognoscível por excelência. O suicídio de alguém que conhecemos – e até mesmo o de alguém que não conhecemos – é um alerta terrível de que ninguém tem as respostas. Aplique essa ideia a uma cidade com o maior número de suicídios do país e dá para entender por que pessoas evitam falar do assunto."

"E, até 300 anos atrás, também não havia uma em inglês." Contestável: De acordo com *Etymology Online*, o surgimento em inglês da palavra "suicídio" data de 1651, que é mais de 350 anos atrás.

"'Acho que é por isso que o suicídio é a coisa mais ameaçadora que podemos enfrentar como membros de uma cultura', disse Ron." De novo, não consegui encontrar nada nas anotações de John. No entanto, o sentimento faz sentindo no contexto dos outros comentários feitos por Flud sobre suicídio para os jornais locais. Porém, há um problema com a causalidade que ficou implícita aqui entre a linguagem influenciando como as pessoas pensam e vice-versa. Por exemplo, se "é por isso" (na primeira linha da afirmação de Flud) se refere à questão linguística, trata-se de um território acidentado. É uma invocação de alguma forma contrária de determinismo linguístico (algo como a hipótese Sapir-Whorf, segundo a qual "existe uma relação sistemática entre as categorias gramaticais do idioma que uma pessoa fala e o modo como essa pessoa entende o mundo e se comporta dentro dele"), partindo da estrutura de uma língua para chegar à maneira como as pessoas pensam, ou partindo da maneira como as pessoas pensam para chegar à estrutura de uma língua. Na melhor das hipóteses, esse argumento é frágil, ainda mais levando-se em conta que as línguas de que estamos falando têm conceitos e termos para o suicídio. E tirar conclusões genéricas a respeito de um grupo de pessoas baseado na estrutura de sua linguagem é bem suspeito. É uma coisa que ainda está sendo discutida por linguistas e existem teorias que embasam os dois lados, mas mesmo assim esse tipo de comentário genérico ignora a bagagem complexa e imensa – positiva e negativa – que o suicídio carrega consigo de outras épocas e de outras culturas. A conclusão a que Flud supostamente chega (de que as pessoas têm vergonha do suicídio como doença) parece limitado aos suicídios cometidos pelos deprimidos *versus* o suicídio como uma forma honrosa de se render cometido por guerreiros do leste asiático ou por helenísticos, ou mesmo limitado a outros usos culturais do suicídio – o suicídio como forma de expiação, o suicídio como forma de protesto, ou como um ato nobre de autodestruição por parte de um doente terminal. John, você tem alguma fonte para essa ideia?

John: Uau, Jim, seu pênis deve ser muito maior que o meu.

Jim: Como é que é?

John: Seu trabalho é checar o que eu digo, Jim, não o que meus personagens dizem.

Jim: Não precisa baixar o nível, John. Só estou tentando mostrar que o que ele disse não faz sentido de um ponto de vista lógico.

John: A frase não precisa fazer sentido. A citação ajuda a caracterizar o personagem mostrando a opinião dele sobre o suicídio como fenômeno cultural. Esse é o objetivo. Se ele está "certo" ou "errado", ou justo do ponto de vista lógico, não faz diferença. Na verdade, se corrigíssemos sua "lógica", criaríamos um retrato distorcido do personagem.

Jim: Entendi, então poderíamos ao menos confirmar que vocês dois conversaram de fato? Porque não consigo encontrar essa citação nas suas anotações.

John: Não sei onde essa conversa aparece nas anotações. Passei para você tudo que eu tinha. Eu e ele conversamos algumas vezes.

Em 533, no Segundo Concílio de Orleans, os cardeais católicos votaram, na verdade, para "condenar" o suicídio.
O Talmude proíbe até o luto por suicidas.
E antes que alguém possa refletir sobre a velha questão do Islã – "Que se deve pensar do suicídio?" –, o Alcorão não demora a responder: "É muito pior do que o homicídio".

"Em 533, no Segundo Concílio de Orleans, os cardeais católicos votaram, na verdade, para 'condenar' o suicídio." Encontrei o trecho a seguir em um ensaio histórico sobre atitudes em relação ao suicídio: "O Segundo Concílio de Orleans (no ano de 533) publicou o primeiro repúdio oficial do suicídio, considerando-o (de maneira ambígua) uma obra do diabo ou uma expressão de insanidade" (*"Suicide: Historical, Descriptive, and Epidemiological Considerations"* [Suicídio: considerações epidemiológicas, descritivas e históricas], de Leonardo Tondo e Ross J. Baldessarini, *Medscape.com*, 15 de março, 2001). Ainda que minha mãe, que é muito católica, aceite que cardeais podem "votar para proibir" as coisas, parece um eufemismo considerável chamar de "condenação" um repúdio oficial da Igreja. No entanto, há uma questão semântica complexa aqui. O correto seria dizer que bispos participaram do Concílio de Orleans, e não cardeais, porque ser um "cardeal" significa que você tem um título honorífico, que você é conselheiro do papa e que faz parte do eleitorado do papa. No entanto, no início da Idade Média, o termo cardeal se referia a qualquer padre que estivesse ligado permanentemente a uma igreja ("qualquer clérigo, tanto *intitulatus* quanto *incardinatus*") – então havia cardeais-padres, cardeais-diáconos e cardeais-bispos. Ainda que, tecnicamente, os 25 bispos que participaram do Concílio de Orleans também fossem cardeais, dentro da Igreja, e nos documentos sobre a Igreja, os que participaram dessas primeiras reuniões eram chamados de "bispos" para diferenciar de suas posições hierárquicas oficiais. (Fonte: textos sobre o "Concílio de Orleans" e sobre "Cardeal" na

Catholic Encyclopedia em *Newadvent.org*.) Sendo assim, eu recomendaria que John alterasse o texto para "bispos".

John: Jim, fala sério. Porra, relaxa.

"O Talmude proíbe até o luto por suicidas." Quase confirmado: Um texto sobre a atitude de judeus em relação ao suicídio diz: "O Talmude, escrito e codificado no período do Cristianismo Primitivo, é específico ao condenar o suicídio. A condenação do suicídio pelo Talmude é baseada na interpretação de Gênesis 9:5 'Certamente, requererei o vosso sangue, o sangue da vossa vida'. As mortes infligidas a si mesmo só são aceitas em situações extremas, como em apostasia, ignomínia e desonra em casos de captura ou de tortura. A vítima e sua família eram punidas com a perda do direito a um enterro normal e aos rituais tradicionais do luto. A severidade dessa punição levava os rabinos da época a considerar a morte infligida a si mesmo como aquela que era anunciada de antemão e executada diante de testemunhas. Hoje, estudiosos do judaísmo acreditam que o tratamento severo dado pelos judeus ao suicídio se devia em parte a uma influência negativa do cristianismo sobre o tema" (*"The Jewish Attitude Toward Suicide"* [A atitude judaica em relação ao suicídio], Ch. W. Reines, *Judaism*, vol. 10, primavera de 1966, p. 170).

"E antes que alguém possa refletir sobre a velha questão do Islã – 'Que se deve pensar do suicídio?' –, o Alcorão não demora a responder: 'É muito pior do que o homicídio'." O professor Charles A. Kimball, da cátedra do Departamento de Religião na Universidade de Wake Forest em Winston-Salem, na Carolina do Norte, ouviu a seguinte pergunta durante uma entrevista sobre crenças muçulmanas: "O que o Alcorão diz sobre o suicídio?". Sua resposta foi: "Existe apenas um verso no Alcorão que contém uma frase relacionada ao suicídio: 'Ó, fiéis! Não consumais os vossos bens, por vaidades; realizai comércio de mútuo consentimento e não cometais suicídio. Porque certamente Deus é Misericordioso para convosco' (4:29). Alguns estudiosos acreditam que uma tradução melhor para essa frase seria: 'não matem uns aos outros'. As Tradições Proféticas, no entanto, claramente proíbem o suicídio. O Hádice, o registro oficial das palavras e ações do profeta Maomé, tem várias afirmações inequívocas sobre o suicídio: aquele 'que se joga de uma montanha', ou 'que ingere veneno', ou 'que mata a si mesmo com um objeto pontiagudo' será mandado para o fogo do inferno. O suicídio não é permitido nem em condições extremas como de doenças terríveis ou de ferimentos graves. Por fim, é Deus, e não os seres humanos, que têm a autoridade sobre a vida de uma pessoa" ("*Q&A: Islamic Fundamentalism: A World-Renowned Scholar Explains Key Points of Islam*" [Entrevista: Fundamentalismo islâmico: um estudioso de renome internacional explica pontos-chave do Islã], de Josh Burek e James Norton, *Christian Science Monitor*, 4 de outubro, 2001). No entanto, afirmar que "é muito pior do que o homicídio", entre aspas, é incorreto porque sugere que se trata de uma citação do Alcorão. Embora essa afirmação, no contexto, faça algum sentido (não fica explícito, mas, em princípio, alguém pode se arrepender de um assassinato, mas não de um suicídio), eu ainda sugeriria a correção dessa passagem para que ela ficasse assim: "o Alcorão não demora a responder que é muito pior do que o homicídio".

Os hindus o condenam, Buda sempre o proibiu e, em Zurique, havia um decreto que condenava todos os suicidas a enterros debaixo de uma montanha.
"Para que suas almas", diz a lei, "sejam oprimidas para sempre".

"Os hindus o condenam..." Ainda que muitos hindus mais tradicionais condenem o suicídio, não são todos eles que o fazem: "O hinduísmo é mais tolerante com o suicídio graças à crença na reencarnação e na eventual separação entre corpo e alma. O hinduísmo ainda aceita que uma viúva (*sati*) cometa o suicídio ritual como uma forma de cancelar os pecados do marido e de conquistar a honra para seus filhos, mas hoje essa prática é rara" ("*Suicide: Historical, Descriptive, and Epidemiological Considerations*" [Suicídio: considerações epidemiológicas, descritivas e históricas], de Leonardo Tondo e Ross J. Baldessarini, *Medscape.com*, 15 de março, 2001).

"...Buda sempre o proibiu..." Do verbete sobre "Dharma Data: Suicide" na enciclopédia on-line *BuddhaNet*: "Buda tinha conhecimento sobre o fenômeno do suicídio. Numa ocasião, um grupo de monges meditando sobre a repulsa do corpo, sem a orientação adequada, entrou em depressão e acabou se matando. Quando informado sobre um casal de amantes que se matou para ficar 'unido pela eternidade', Buda comentou que ações como essa eram baseadas em desejo e ignorância. Sua atitude em relação ao suicídio fica clara no Vinaia, que diz ser uma ofensa um monge encorajar ou auxiliar alguém a cometer suicídio, colocando-o assim no mesmo nível do homicídio. Por consequência, no Teravada, o suicídio é considerado uma violação do primeiro preceito, motivado por condições mentais similares como homicídio (repulsa, medo, raiva, desejo de fugir de um problema), mas direcionado a si mesmo e não a outra pessoa". Então acho que Buda proibia o suicídio; no entanto, o verbete on-line continua: "Embora o Mahayana tenha uma atitude similar em relação ao tipo mais comum de suicídio, ele encoraja o suicídio por motivos religiosos. O Sutra do Lótus e várias outras obras do Mahayana louvam o ato de queimar o próprio corpo, uma espécie de incenso humano, como 'a mais elevada oferenda'. Histórias de bodisatvas ofertando partes de seu corpo ou mesmo sua vida, que eram extremamente populares na Índia Antiga, legitimaram o suicídio e a automutilação. Em certas épocas da história chinesa, práticas como essas se tornaram tão comuns que o governo teve de publicar decretos contra elas". John está tecnicamente certo ao afirmar que Buda desencorajava o suicídio; mas parece que a instituição do budismo, às vezes, considera o suicídio aceitável.

"...e, em Zurique, havia um decreto que condenava todos os suicidas a enterros debaixo de uma montanha." Não consegui encontrar nenhuma referência a esse decreto em parte alguma. Qual é a fonte?

John: Não tenho certeza, mas posso ir atrás disso se for tão importante assim verificar esse fato pequenininho.
Jim: A essa altura, "importante" é relativo. Mas eu gostaria de saber a fonte apenas para ter certeza.
John: OK, vou procurar.
Jim: Que incrível, obrigado. E me deixe dizer que, apesar de termos nossas diferenças, acho que o trabalho está fluindo.
John: Desculpe, não consegui encontrar.

Psicólogos ainda debatiam a criminalidade do suicídio na década de 1960, alegando que mulheres que se matavam depois de cometer adultério – ou, no jargão profissional da época, "mulheres de moral corrompida" –, normalmente, cometiam suicídio se jogando de uma janela. Que homens gays que sentiam vergonha de ser "penetrados sexualmente" desferiam facadas em si mesmos repetidas vezes até a morte. Ou que qualquer um enlouquecido por "pensamentos tóxicos" tinha a tendência de morrer asfixiado por gás.
"Acho que o tabu em torno do suicídio é o que faz as pessoas me processarem", disse Ron.
No início da semana, Ron foi ao tribunal por causa de um julgamento em que os pais de uma suicida abriram processo contra ele para alterar a causa da morte de sua única filha.
"Supostamente, quando classifico uma morte como 'suicídio', a vítima fica impossibilitada de ir para o paraíso."
Ele cofiou a barba e desviou o olhar.
"E entendo a motivação dos pais, por mais boba que pareça. A psicologia cultural desta cidade é obcecada por convencer todo mundo de que aqui é um lugar de diversão que não pode fazer mal a ninguém. Porém, esta cidade é igual a qualquer outra.

"Psicólogos ainda debatiam a criminalidade do suicídio na década de 1960, alegando que mulheres que se matavam depois de cometer adultério – ou, no jargão profissional da época, 'mulheres de

moral corrompida' –, normalmente, cometiam suicídio se jogando de uma janela. Que homens gays que sentiam vergonha de ser 'penetrados sexualmente' desferiam facadas em si mesmos repetidas vezes até a morte. Ou que qualquer um enlouquecido por 'pensamentos tóxicos' tinha a tendência de morrer asfixiado por gás."** O período de 1960, assim como os termos 'mulheres de moral corrompida' e 'pensamentos tóxicos', podem ser confirmados pelo livro *The Traitor Within* [O traidor íntimo], de Ellis e Allen, publicado em 1961. Mas não consegui encontrar a referência sobre homens gays sentirem vergonha de ser "penetrados sexualmente". (Só imagine o quanto foi divertido pesquisar esse lance.)

"'Acho que o tabu em torno do suicídio é o que faz as pessoas me processarem', disse Ron." Encontrei o trecho das anotações de John que citam Flud. E essa afirmação é compatível com o que Flud parece ter dito durante as conversas com John. Parece que houve dois encontros distintos com Flud: um que não aparece nas anotações e um ocorrido em sua sala que rendeu várias anotações. Acho que a primeira conversa entre os dois foi mais "para se conhecer" e a segunda foi para valer.

"'Supostamente, quando classifico uma morte como "suicídio", a vítima fica impossibilitada de ir para o paraíso.'" As anotações de John também confirmam essa história de Flud ter sido processado por uma família mórmon que queria mudar a classificação da morte da filha. Porém, não existem citações diretas de Flud sobre esse episódio. Só as linhas gerais do que ocorreu. Então John "desenvolveu" um pouco aqui.

"Ele cofiou a barba e desviou o olhar." Uma fotografia de Flud em um texto no *Las Vegas Review-Journal* com o título *"Clark County Coroner Rules That French Inmate Died of Asphyxia"* [Médico legista de Clark County determina que preso francês morreu de asfixia] confirma que Flud, de fato, cultiva uma barba.

"'E entendo a motivação dos pais, por mais boba que pareça. A psicologia cultural desta cidade é obcecada por convencer todo mundo de que aqui é um lugar de diversão que não pode fazer mal a ninguém. Porém, esta cidade é igual a qualquer outra... [etc.]'" A essência desse parágrafo é mais ou menos confirmada pelas anotações de John.

Não vivemos nos hotéis, não comemos nos *buffets*, nossas esposas e filhas não são dançarinas cobertas de plumas em boates da Strip. Las Vegas é uma cidade. E ela pode ser maravilhosa e divertida, mas é também o lugar com o maior número de suicídios da América. Veja, é óbvio que entendo por que a cidade não inclui essa informação nos folhetos de turismo, mas a questão é que a gente não vai resolver o problema se não admitir que ele existe."
Atrás de Ron Flud, em sua sala no centro da cidade, havia um retrato de George Washington a cavalo. Uma pasta marrom fina estava sobre a mesa ampla e lustrosa. Dentro da pasta, a causa da morte de Levi Presley – "traumas múltiplos na cabeça e no corpo" – estava datilografada no campo intitulado Corpo em seu relatório de médico legista com três páginas.
"Enfim", disse Ron. "Vamos ao que interessa."
Várias vezes, ele abria e fechava a pasta enquanto conversávamos, pinçando fatos que em seguida transformava em histórias.
Ele disse, por exemplo, depois de olhar de relance uma fotografia do corpo de Levi, que o maior estrago causado por uma queda como essa é "interno e não externo... é difícil de acreditar, né?".

"Atrás de Ron Flud, em sua sala no centro da cidade, havia um retrato de George Washington a cavalo." O Instituto Médico Legal fica mesmo perto do "centro da cidade", embora esteja no outro lado da rodovia da área devidamente chamada de "centro da cidade", mas é bem perto. Mas não tenho nenhuma confirmação desse retrato a cavalo; no entanto, existem vários retratos excelentes de Washington que dá até para escolher.

"Dentro da pasta, a causa da morte de Levi Presley – 'traumas múltiplos na cabeça e no corpo' – estava datilografada no campo intitulado CORPO em seu relatório de médico legista com três páginas."
O relatório confirma os "traumas múltiplos na cabeça e no corpo". Mas há um detalhe: O relatório que analisei tem quatro páginas e não três, se você contar a capa. Além disso, a seção que fala sobre os traumas na cabeça é intitulada "Corpo"; em outras palavras, ela não está toda em caixa alta. Outro detalhe: O relatório, na verdade, não se chama "Relatório de Médico Legista". O título oficial é: "Relatório de Investigação: Análise de Médico Legista". Mas é dado que, no dia a dia, as pessoas se referem a esses documentos como "relatório de médico legista".

"...que o maior estrago causado por uma queda como essa é "interno e não externo... é difícil de acreditar, né?'." Um artigo com o título *"Fatal Injuries Resulting from Extreme Water Impact"* [Ferimentos fatais resultantes de impactos extremos com a água] confirma que corpos que caem de grandes alturas sofrem uma quantidade enorme de estragos internos e, de modo surpreendente, poucos estragos externos (*Aerospace Medicine* 38, n. 8 [agosto de 1967]: 779–783).

Ele disse: "Você sabia que a velocidade máxima de uma queda é sempre a mesma, não importa o peso do corpo nem a altura de onde se pula?".

Ele me contou a história de uma mulher na Nova Zelândia que caiu de um avião durante um voo sobre as montanhas.

"Ela caiu de 6 mil metros de altura em cima de um monte de neve, e sobreviveu sem sofrer nenhum ferimento grave."

Mas ele não me disse, naquela tarde em seu escritório, mesmo depois de eu perguntar duas ou três vezes, se é provável que a pessoa perca a consciência durante uma queda.

Ele não confirmou o que disse um geólogo do século XIX que estudava alpinistas – que, numa queda, você "não sente ansiedade e não há nenhum traço de desespero, não há dor, nem arrependimentos, nem tristeza... Em vez disso, a pessoa em queda, cercada por um céu azul magnífico com nuvens rosadas, ouve uma música bonita... e, subitamente, sem qualquer dor, todas as sensações do corpo cessam de imediato, no exato momento em que o corpo faz contato com o chão."

"Ele disse: 'Você sabia que a velocidade máxima de uma queda é sempre a mesma, não importa o peso do corpo nem a altura de onde se pula?'." Confirmado que existe uma "velocidade terminal" para o corpo humano em queda, embora não exista um consenso sobre qual é essa velocidade. Estima-se algo entre 240 km/h e 320 km/h, segundo Paul Tipler em *College Physics*, p. 105.

"**Ele me contou a história de uma mulher na Nova Zelândia que caiu de um avião durante um voo sobre as montanhas. 'Ela caiu de 6 mil metros de altura em cima de um monte de neve, e sobreviveu sem sofrer nenhum ferimento grave.'"** Não consegui confirmar essa história específica. Porém, um texto publicado pela BBC News Magazine diz o seguinte: "Em janeiro de 1972, o avião da comissária de bordo Vesna Vulovic, de 22 anos, explodiu no que foi um suposto ataque terrorista em que a bomba teria sido colocada no bagageiro da aeronave. Vesna Vulovic, que estava na área da cauda do avião, caiu de uma altura de mais de 10 quilômetros de altura sobre as encostas nevadas da República Tcheca. Apesar de ter sofrido ferimentos graves, incluindo fraturas nas duas pernas, a comissária sobreviveu e depois disse: 'Continuo gostando de viajar e não tenho medo de avião' (*"Can You Survive a Plane Crash?"* [É possível sobreviver a um acidente de avião?], de Zoe Smeaton, BBC News Magazine, 11 de agosto, 2005). Talvez essa seja a origem da história contada por Flud – ou isso, ou John não ouviu direito, ou inventou tudo e deu sorte de criar uma história que aconteceu de verdade, do jeito que ele havia imaginado.

"**Mas ele não me disse, naquela tarde em seu escritório, mesmo depois de eu perguntar duas ou três vezes, se é provável que a pessoa perca a consciência durante uma queda.**" Nenhum registro nas anotações de John sobre ele ter feito essa pergunta para Flud. Muito menos "duas ou três vezes".

"**Ele não confirmou o que disse um geólogo do século XIX que estudava alpinistas – que, numa queda, você 'não sente ansiedade e não há nenhum traço de desespero, não há dor, nem arrependimentos, nem tristeza... Em vez disso, a pessoa em queda, cercada por um céu azul magnífico com nuvens rosadas, ouve uma música bonita... e, subitamente, sem qualquer dor, todas as sensações do corpo cessam de imediato, no exato momento em que o corpo faz contato com o chão.'"** No bate-papo com John, é muito improvável que Flud tenha feito referência a um texto médico obscuro, como não parece ter feito referência a nenhuma dessas outras coisas também. Essas frases que John está citando são do texto *"The Experience of Dying from Falls"* [A experiência de morrer em queda], de

Russell Noyers Jr. e Roy Kletti, publicado no periódico *Omega*, vol. 3, 1972, p. 46. Porém, e isso não me surpreende, as citações de John estão incorretas. A primeira parte da citação não inclui as palavras "sem arrependimentos" e ela também foi alterada de outras formas: "Você não sentia ansiedade, nenhum traço de desespero, nenhuma dor; mas, em vez disso, integridade, aceitação profunda, lucidez e uma sensação de segurança". E a segunda frase: "...a pessoa em queda, cercada por um céu azul magnífico com nuvens rosadas, ouve uma música bonita". E a terceira: "A consciência se extingue de maneira indolor, quase sempre no momento do impacto, e o impacto poderia até ser ouvido, mas sem qualquer dor".

Em outras palavras, Ron Flud não me explicou como os tênis de Levi, na Polaroid que me mostrou, foram parar a 6 metros do corpo no pavimento de alvenaria, arrancados dos pés no momento em que o corpo atingiu o chão, embora ainda parecessem intactos na fotografia, sem qualquer mancha e com os cadarços ainda amarrados, e até com nós duplos.

"Em outras palavras, Ron Flud não me explicou como os tênis de Levi, na Polaroid que me mostrou, foram parar a 6 metros do corpo no pavimento de alvenaria, arrancados dos pés no momento em que o corpo atingiu o chão..." O Relatório de Investigação confirma que "um par de tênis brancos [foram] encontrados perto do corpo". Então eles estavam nos pés de Presley. Mas acho extremamente improvável que eles tenham sido encontrados a "seis metros" do corpo, sendo que o relatório diz que eles estavam "perto". Uma Polaroid parece também uma forma improvável de fazer fotografias de perícia policial. Além disso, soa um pouco suspeito que o médico legista tenha mesmo mostrado esse tipo de fotografia para um jornalista (ou seja lá o que for que John diz ser).

"...embora ainda parecessem intactos na fotografia, sem qualquer mancha e com os cadarços ainda amarrados, e até com nós duplos." Não existe nenhuma menção no Relatório de Investigação sobre os tênis estarem particularmente "intactos", "sem qualquer mancha", "com os cadarços ainda amarrados", ou "com nós duplos". Talvez John tenha analisado essa "Polaroid" com muito mais atenção do que os investigadores. Ei, a versão original da série *CSI* não se passa em Vegas? Talvez John possa usar suas habilidades de perito como um "consultor (bastante) criativo".

6

"Quero deixar minha marca nesta cidade", disse o proprietário de cassino Bob Stupak sobre seu Stratosphere, o prédio americano mais alto que existe a oeste do Mississippi. "Quero fazer por Vegas o mesmo que a Torre Eiffel fez por Paris, o mesmo que o Empire State Building fez por Nova York... Quero que meu prédio seja um símbolo, que seja sinônimo de Vegas."
"De fato", disse Dave Hickey, um crítico de arte da Universidade de Nevada, em Las Vegas. "Ele criou um novo símbolo para Las Vegas. Mas isso leva à pergunta: O que o símbolo significa?"
Dave Hickey é considerado uma referência na história da arte local, um embaixador de Las Vegas para o resto do mundo.
"Quer saber por que gosto daqui?", disse ele. "Porque tudo nesta cidade é guiado pela economia. E essa é a única democracia de verdade que existe neste país. É por isso que gosto de dar aulas para estudantes de arte em Vegas. Eles não são uns bundões."

"'Quero deixar minha marca nesta cidade', disse o proprietário de cassino Bob Stupak sobre seu Stratosphere..." Confirmado por John L. Smith no livro *No Limit: The Rise and Fall of Bob Stupak and Las Vegas' Stratosphere Tower* [Sem limites: ascensão e queda de Bob Stupak e da Stratosphere Tower de Las Vegas], Huntington Press, 1997, pp. 142–144.

"...o prédio americano mais alto que existe a oeste do Mississippi." Confirmado por John Galtant no texto *"Stupak Sets Sights on Steel Tower"* [Stupak almeja torre de aço], *Las Vegas Review-Journal*, 5 de outubro, 1989.

"'Quero fazer por Vegas o mesmo que a Torre Eiffel fez por Paris, o mesmo que o Empire State Building fez por Nova York... Quero que meu prédio seja um símbolo, que seja sinônimo de Vegas.'" Também tirado do livro de Smith, p. 143.

"'De fato', disse Dave Hickey..." Isso aparece nas anotações de John, que indicam uma conversa com Hickey no "salão Fireside do restaurante Peppermill, em Vegas, 15 de dezembro, 2002". Mas o *site* do Peppermill dá a entender que o lugar todo é chamado apenas de "Peppermill", tanto o restaurante quanto o salão. Na verdade, o correto seria "Salão Fireside Peppermill".

"...um crítico de arte da Universidade de Nevada, em Las Vegas." É verdade que o *"bad boy* da crítica de arte", vencedor da bolsa MacArthur e amigo próximo de Mapplethorpe, dá aulas na Universidade de Nevada, em Las Vegas (UNLV). Ele dá aulas de inglês, então ele é, tecnicamente, um professor de Letras na UNLV, mas acho que é também, tecnicamente, um crítico de arte... que trabalha na UNLV. Porém, não continuará dando aulas lá por muito tempo – ele e a esposa estão de mudança para o Novo México porque a esposa, Libby Lumpkin, foi nomeada professora titular de história da arte na Universidade do Novo México. Na verdade, Hickey dará aulas de arte lá e logo será mais apropriado creditá-lo como "um crítico de arte da Universidade do Novo México" (*"Couple's Exit Leaving Void in Vegas Art Scene"* [De saída, casal deixa vácuo no meio artístico de Vegas], *Las Vegas Sun*). Porém, ele estava na UNLV na época da entrevista, então podemos deixar como está.

"Dave Hickey é considerado uma referência na história da arte local, um embaixador de Las Vegas para o resto do mundo." Acho que esse é mais um daqueles casos em que John é quem está considerando o sujeito uma referência. Portanto, como John o considerou assim, Hickey é mesmo "considerado uma referência na história da arte local". Tudo bem.

"'**Quer saber por que gosto daqui?', disse ele. 'Porque tudo nesta cidade é guiado pela economia. E essa é a única democracia de verdade que existe neste país. É por isso que gosto de dar aulas para estudantes de arte em Vegas. Eles não são uns bundões.'**" A maior parte dessa citação aparece nas anotações de John, junto com outras coisas que Hickey disse: por exemplo, no livro *New Hotel Design* [Nova concepção de hotel], de Otto Riewoldt, uma citação de Hickey diz que Las Vegas "é o único ícone autêntico no continente norte-americano".

Nós nos encontramos antes das nove da manhã em um bar da Strip chamado Fireside, um lugar de sofás vermelhos, mesas octogonais, faixas de neon azul ao redor das lareiras e espelhos em todas as paredes, do chão ao teto, por toda parte.
Três homens de terno preto estavam bêbados em um dos sofás; um casal se pegava no sofá ao lado e gemia alto; em outro, uma mulher sozinha bebia um Bloody Mary; e no balcão, usando botas pretas de caubói, Dave devorava uma tigela de amendoins grátis.
"Certo", disse ele, "o Stratosphere é o maior pau de Las Vegas, é verdade, e quando você tem o maior pau, os outros mostram respeito. Mas também acho que o fato de ser grande pra caralho é a razão dos problemas que o prédio enfrenta na cidade. A arquitetura de Las Vegas é comercial, e comércio tem a ver com flexibilidade. Aqui, não existe intervalo entre um pensamento e um ato. Esta cidade se vangloria da habilidade que tem para atender os caprichos do turismo porque, desse jeito, se algo não funciona, você tem condições de tentar outras coisas. Se você monta um negócio que não funciona, é só acabar com o negócio. Prédios, vizinhanças, políticos... o que for. Esta cidade não parte do princípio de que alguma coisa é permanente.

"...em um bar da Strip chamado Fireside, um lugar de sofás vermelhos, mesas octogonais, faixas de neon azul ao redor das lareiras

e espelhos em todas as paredes, do chão ao teto, por toda parte." OK, agora ele diz que é um bar. O ensaio está correto apesar de as anotações estarem erradas. De qualquer forma, o Fireside é coisa fina: foi eleito o "lugar com as melhores dançarinas" pelo *site Vegas Hotspots*; e "um dos 'locais para se conhecer'" pela *Casino Magazine*; ele tem a "melhor garçonete de coquetéis", segundo a *Las Vegas Magazine*; e "os melhores drinques exóticos e o bar mais romântico", de acordo com a *Menu Magazine*. E, de acordo com o próprio *site* do bar, ele "apareceu em filmes como *Cassino* e *Showgirls*, além de figurar em séries de TV como *CSI Las Vegas* e *ElimiDate*". (Um detalhe: Não existe uma série de TV chamada *CSI Las Vegas*; como citei antes, a série *CSI: Crime Scene Investigation* se passa em Las Vegas, mas eles só passaram a rotular a franquia com nomes de cidades para diferenciar outras séries da produção original que se passa em Vegas.) Mas, além dos sofás vermelhos, há também namoradeiras de veludo azul; e além das mesas octogonais, existem mesas redondas comuns; e as lareiras são, na verdade, nichos de onde o fogo emana como que por mágica; e, embora haja um monte de espelhos, eles não estão em todas as paredes, do chão ao teto. Isso seria meio impossível. Seria melhor se John corrigisse esses detalhes.

"Três homens de terno preto estavam bêbados em um dos sofás; um casal se pegava no sofá ao lado e gemia alto; em outro, uma mulher sozinha bebia um Bloody Mary; e no balcão, usando botas pretas de caubói, Dave devorava uma tigela de amendoins grátis." Vi duas dessas quatro coisas acontecerem quando fui visitar o lugar. Acho que podemos presumir que as outras coisas também são possíveis.

"'Certo', disse ele, 'o Stratosphere é o maior pau de Las Vegas...' etc." Confirmado: em suas anotações. Além disso, a ideia de símbolo fálico: extremamente óbvia.

Mas você não tem como acabar com o Stratosphere. Quer dizer, a coisa vai ficar lá pra sempre. E esse é o problema. O Stratosphere está condenado a ser 'O Stratosphere' para sempre."
Em 1996, pouco depois da inauguração do Stratosphere, especialistas foram ouvidos sobre como ele poderia ser demolido.
"Boa pergunta", disse o empreiteiro do Stratosphere.
Enquanto a maioria dos prédios de Las Vegas é feita de malha de arame, estuque e vigas de aço, o Stratosphere é feito de muitos milhares de metros cúbicos de concreto.
"Você teria que derrubar o prédio como se fosse uma árvore gigante", disse Mark Loizeaux, um especialista em implosões que coordenou a demolição de vários *resorts* famosos de Las Vegas. "Com explosivos, daria para inclinar o prédio numa direção específica, para depois explodir todo o resto enquanto ele desaba. Seria, basicamente, como transformar a coisa toda em cascalho ao longo da queda, em pedaços do tamanho de um sofá.

"Em 1996, pouco depois da inauguração do Stratosphere, especialistas foram ouvidos sobre como ele poderia ser demolido."
Confirmado por Ken McCall em *"Tower Went Up Easier Than It Could Come Down"* [Demolição da torre pode ser mais difícil do que sua construção], *Las Vegas Sun*, 29 de julho, 1996.

"Enquanto a maioria dos prédios de Las Vegas é feita de malha de arame, estuque e vigas de aço..." Sim, existe um monte de estuque em Vegas (tanto estuque...), mas a maior parte fica fora da Strip. Essa comparação não é justa ao contrapor esses lugares aos cassinos de alto nível. Por exemplo, o Luxor é todo feito de vidro e acho que o Bellagio também é de concreto, ou talvez seja até de rochas ou algo assim. Em outras palavras, nada a ver com malha de arame e estuque.

"...o Stratosphere é feito de vários milhares de metros cúbicos de concreto." Tenho quase certeza de que ele está falando da torre aqui, mas não fica claro se esse número leva em conta o que foi usado na construção do hotel e do cassino, ou se considera apenas a torre. Não consegui encontrar a quantidade exata de concreto que foi usada na construção, mas posso confirmar que a torre como um todo pesa cerca de quarenta e cinco mil toneladas – 1,6 mil toneladas só de aço. O restante não é só de concreto, embora esse peso todo tenha que ter uma explicação. De acordo com o *site* Reade Advanced Materials, o metro cúbico de concreto chega a pesar 2,5 toneladas. Não faço ideia de qual é a proporção entre concreto e aço na construção de uma torre, sobretudo em uma com bastante concreto como a do Stratosphere, e também não sei dizer o que "vários" significa quando John afirma "vários milhares". Se interpretarmos "vários" como qualquer coisa entre três e dez, a única informação útil que John está fornecendo nessa afirmação de "vários milhares de metros cúbicos de concreto" é de que se trata de algo entre 20 mil toneladas e 70 mil toneladas de concreto. É bastante vago e, portanto, acho que essa afirmação pode ser considerada incorreta.

"'Você teria que derrubar o prédio como se fosse uma árvore gigante', disse Mark Loizeaux..." Isso é confirmado pelo mesmo texto de Ken McCall mencionado antes e publicado pelo *Las Vegas Sun* em 1996. Porém, o texto revela que essa citação – que John está usando como se a entrevista tivesse sido feita por ele – é, na verdade, uma paráfrase embelezada do que esse cara disse no texto. E partes foram preenchidas/inventadas. Por exemplo, ele disse "pedaços tão grandes quanto uma cadeira".

John: Não estou usando a entrevista como se tivesse sido feita por mim. Eu forneci a cópia da notícia que serviu de referência para você. Não estou escondendo nada. Só estou tentando organizar o texto.

"...um especialista em implosões que coordenou a demolição de vários *resorts* famosos de Las Vegas." Mesmo texto citado antes confirma que ele supervisionou as implosões do Dunes e do Landmark. Ambos eram hotéis/cassinos famosos. O *Merriam-Webster* diz que um *resort* é "um lugar de recreação e entretenimento, sobretudo para turistas", então suponho que ambos eram *resorts* – mas acho que não eram encarados dessa forma pelos proprietários. Se é que essa informação serve para alguma coisa.

Porém, o maior problema de fazer isso é que seria preciso uma área livre tão grande quanto a altura do prédio."

Em outras palavras, um terreno na Las Vegas Strip com um quarto de milha de extensão, e vazio.

"Além disso", disse ele, "existe a questão do custo, porque você acabaria gastando mais para derrubar esse trambolho do que o valor gasto na construção dele".

Cerca de 1 bilhão de dólares.

"Então eu diria que ele veio para ficar", disse Loizeaux.

"Não é por isso que as pessoas vêm para Vegas", disse Dave. "Aqui não é Nova York, não é Chicago, não somos uma cidade de arranha-céus. Somos a cidade das engenhocas e dos truques, o lugar aonde você vem quando precisa escapar."

Do quê?

"Você precisa perguntar?", disse Dave.

Ele chamou a garçonete e pediu mais amendoins. "Dê uma olhada nos hotéis mais bem-sucedidos desta cidade", disse ele. "O que eles têm em comum? Eles têm chão e teto, mas não têm merda de parede nenhuma. Quem projeta cassinos sabe que as pessoas não gostam de apostar quando têm um teto alto acima da cabeça.

"Em outras palavras, um terreno na Las Vegas Strip com um quarto de milha de extensão, e vazio." Errado: Uma milha tem 1,6 mil metros, e a torre tem 350 metros, o que dá 0,217 milha. E essa citação foi alterada.

John: Tentei deixar a declaração dele mais compreensível. Mas talvez eu tenha me confundido com os números.
Jim: Talvez.

"Cerca de 1 bilhão de dólares." O mesmo texto afirma que: "A despesa... seria de mais de meio bilhão de dólares". E não 1 bilhão, como diz John, e essa citação também foi alterada.

John: Certo, cometi um erro.
Jim: Ponto para mim.

"'Não é por isso que as pessoas vêm para Vegas', disse Dave." Essa citação está nas anotações de John. Mas preciso dizer que fiz minha primeira viagem a Las Vegas porque eu era fascinado pelos prédios. Na verdade, várias listas do tipo "dez motivos para visitar Las Vegas", na *web*, mencionam luzes e cassinos, que são partes da arquitetura. É verdade que nenhuma dessas listas usa a frase "arquitetura de primeira". (Se servir para alguma coisa, um desses *sites* lista: "Contratar acompanhantes para jogar Axis & Allies com você".)

"'Dê uma olhada nos hotéis mais bem-sucedidos desta cidade', disse ele. 'O que eles têm em comum? Eles têm chão e teto, mas não têm merda de parede nenhuma'." Uma construção sem "merda de parede nenhuma" não é, exatamente, possível.

John: É uma citação, Jim. Deixe como está. E tudo bem você checar o meu texto, mas, sinceramente, você devia baixar a bola para falar do Hickey. Pare com isso.

"Quem projeta cassinos sabe que as pessoas não gostam de apostar quando têm um teto alto acima da cabeça." O livro *Designing Casinos to Dominate the Competition: The Friedman International Standards of Casino Design* [Projetando cassinos para dominar a concorrência: os padrões internacionais de Friedman para projetos de cassinos], de Bill Friedman (já disponível em inglês e japonês! Apenas

150 dólares!) lista uma série de "princípios" para projetar um cassino, um deles é o "Princípio 8: Tetos baixos superam tetos altos", com subseções: "O poderoso impacto da altura do teto no potencial de apostas", "Altura do teto e a estimativa de inter-relações do jogador" e "A correlação entre a altura do teto e a competitividade". Os outros princípios são bem interessantes: "Princípio 1: Um cassino com espaços segmentados supera um galpão completamente aberto"; "Princípio 2: Máquinas de apostas logo na entrada dos cassinos superam entradas amplas e saguões vazios"; "Princípio 3: Campos de visão limitados superam visões amplas com profundidade"; "Princípio 4: A configuração de labirinto supera os corredores amplos, longos e retos"; "Princípio 5: A disposição compactada e saturada de máquinas de aposta supera a disposição ampla e espaçada"; "Princípio 6: Uma disposição organizada de máquinas de aposta com pontos centrais de interesse supera uma disposição aleatória"; "Princípio 7: Áreas de descanso separadas umas das outras superam áreas adjacentes"; "Princípio 9: Máquinas de aposta como objetos de decoração superam decorações grandiosas"; "Princípio 10: Decoração comum supera decorações temáticas de cassinos"; "Princípio 11: Percursos que valorizem as máquinas de aposta superam percursos sem atrativo nenhum"; "Princípio 12: Percepção supera realidade"; "Princípio 13: Espaços interiores com múltiplos ambientes de aposta superam espaços de ambiente único". Esses caras sabem o que fazem.

John: E preste atenção no "Princípio 12", Jim. "Percepção supera realidade."

Quando você pega um lugar como o Bellagio, que é o hotel mais bem-sucedido que esta cidade já viu, você vê que eles têm um andar gigante e aberto com mais de 7 mil metros quadrados, mas tudo isso debaixo de um teto muito baixo. Ele tem várias particularidades, se você prestar bem atenção. Há um teto principal acima de tudo, com acesso a níveis em que o teto é mais baixo, seguido de áreas que funcionam como abrigos um pouco mais baixos, onde instalam toldos ainda mais baixos. No fim, você tem um pé-direito de 6 metros, mas um espaço livre com 2,7 metros de altura. Por quê? Porque o hotel sabe que as pessoas vêm a Las Vegas para se sentirem protegidas de Deus. Estou falando sério. Ninguém tem consciência disso, mas esse é o motivo de virem pra cá. Quando caem na gandaia, as pessoas querem todas as barreiras que puderem ter entre elas e Jesus Cristo. É por isso que os hotéis ostensivamente altos não se dão bem aqui. Quer dizer, existe o Luxor, é verdade, com seus canhões de luz. Que foi inaugurado em meados dos anos 90 como um hotel de luxo, mas que, dez anos depois, pratica uma das diárias mais baixas da Strip. Os quartos no Paris Hotel também costumam ter descontos, apesar de ter custado 1 bilhão de dólares para ser construído. Mas não é um lugar acolhedor.

"Quando você pega um lugar como o Bellagio, que é o hotel mais bem-sucedido que esta cidade já viu..." Diversas fontes mencionam que o Bellagio é hoje o cassino mais lucrativo de Las Vegas. Mas não encontrei referências para sustentar a afirmação: "que esta cidade já viu".

"...você vê que eles têm um andar gigante e aberto com mais de 7 mil metros quadrados, mas tudo isso debaixo de um teto muito baixo. Ele tem várias particularidades, se você prestar bem atenção. Há um teto principal acima de tudo, com acesso a níveis em que o teto é mais baixo, seguido de áreas que funcionam como abrigos um pouco mais baixos, onde instalam toldos ainda mais baixos. No fim, você tem um pé-direito de 6 metros, mas um espaço livre com 2,7 metros de altura." Na verdade, o *site* do cassino fala em 9 mil metros quadrados de espaço para apostas, mas nem tudo isso diz respeito à área central de apostas. Ela é, pelo que dá para perceber, relativamente "aberta" (eles desrespeitam algumas regras de Friedman envolvendo labirintos e linhas de visão). Não tenho as alturas exatas dos tetos, mas aqueles toldos estão, com certeza, em toda parte.

"Por quê? Porque o hotel sabe que as pessoas vêm a Las Vegas para se sentirem protegidas de Deus." Na verdade, acho que eles fazem o esquema do teto, provavelmente, por causa da "correlação entre a altura do teto e a competitividade".

John: Você realmente detesta poesia, não?

"Que foi inaugurado em meados dos anos 90 como um hotel de luxo, mas que, dez anos depois, pratica uma das diárias mais baixas da Strip." De acordo com vários *sites* de viagem, as diárias do hotel custam cerca de 125 dólares. Ele só não é mais caro que o Bellagio, o Venetian, o Caesars Palace e o Four Seasons.

"Os quartos no Paris Hotel também costumam ter descontos, apesar de ter custado 1 bilhão de dólares para ser construído." Consultando o calendário, eles oferecem descontos, mas parece que esses descontos são sazonais, o que é bem comum. De acordo com o *Frommer's*, o hotel custou 785 milhões para ser construído, e não 1 bilhão.

"Mas não é um lugar acolhedor." Como é que ele não acha o Barry Manilow, o artista residente, uma presença acolhedora?

Ele tem um monte de janelinhas na fachada e parece que isso deixa o prédio ainda mais gigantesco para quem vê de fora. As pessoas que visitam a cidade não querem ficar olhando para cima. Ninguém vem a Las Vegas pra rezar."

A princípio, Bob Stupak tinha imaginado que o Stratosphere seria o letreiro mais alto do mundo. Ele ficaria ao lado da fachada baixa de seu hotel, o Bob Stupak's Vegas World, uma estrutura de 20 andares cujo tema – "O céu é o limite" – estaria escrito verticalmente em um neon do tamanho de um foguete espacial a 300 metros de altura. Naqueles tempos, teria sido a décima estrutura mais alta do planeta.

"Porém, mais ou menos na mesma época, minha filha estava morando na Austrália e fui fazer uma visita", disse ele. "Nós almoçamos na Sydney Tower, com 300 metros de altura e um restaurante giratório no topo. Vi as pessoas enfrentarem fila de uma hora só para pagar por um passeio de elevador até o deque de observação. E de repente tive uma ideia. Eu só estava pensando em construir um letreiro em Las Vegas, mas e se eu colocasse um deque de observação no topo do meu letreiro? As pessoas viriam de várias partes do país só para apreciar a vista.

"Ele tem um monte de janelinhas na fachada e parece que isso deixa o prédio ainda mais gigantesco para quem vê de fora." Ele tem, mas, para ser justo, o Bellagio também tem um monte de janelinhas na fachada que também parece "deixar o prédio ainda mais gigantesco para quem vê de fora". Parecem dois pesos e duas medidas.

John: Na verdade, Jim, se o Hickey estivesse aqui para checar o que *você* fala, ele diria que as janelas na fachada do Bellagio são muito maiores do que as janelas na fachada do Paris, sendo que cada janela do Bellagio abrange quatro quartos diferentes, o que dá ao hotel um aspecto menos amedrontador e também muito menos "sobrecarregado" quando alguém vê de fora. Hickey está certo.

"'Ninguém vem a Las Vegas pra rezar'." Tenho que concordar com isso. A lenda urbana diz que Vegas é a cidade da América com o maior número de igrejas *per capita*, mas na verdade é a cidade com o maior número de bares *per capita*.

"A princípio, Bob Stupak tinha imaginado que o Stratosphere seria o letreiro mais alto do mundo." Confirmado pela mesma matéria citada antes, escrita por John Galtant, no *Las Vegas Review-Journal*, 5 de outubro, 1989.

"Ele ficaria ao lado da fachada baixa de seu hotel, o Bob Stupak's Vegas World, uma estrutura de 20 andares..." Idem.

"...cujo tema – 'O céu é o limite'..." Idem.

"...estaria escrito verticalmente em um neon do tamanho de um foguete espacial a 300 metros de altura." Idem.

"Naqueles tempos, teria sido a décima estrutura mais alta do planeta." No que se refere a "estruturas", isso certamente não é verdade, pois, se você considerar todas as "estruturas" que existem, teria que levar em consideração torres de rádio também e havia, claro, muito mais do que dez torres de rádio mais altas do que o Stratosphere naqueles tempos. (E isso fica ainda mais complicado se você for analisar o significado de "estruturas" em relação a "torres", "arranha-céus" e "postes".)

John: Então não vamos analisar.

"'**Porém, mais ou menos na mesma época, minha filha estava morando na Austrália e fui fazer uma visita', disse ele.**" Mais uma vez, no livro de John L. Smith, *No Limit* [Sem limites], p. 143.

E, a certa altura, eu me perguntei: 'Por que ele não pode ser ainda mais alto?'. Foi quando decidi fazer o letreiro com 350 metros de altura, porque esse número parecia mais científico. E foi quando a ideia de construir o letreiro mais alto do mundo deixou de ser minha maior preocupação, porque a gente percebeu que era exatamente isso que estava fazendo. A própria estrutura seria uma propaganda."

Desde 1996, o hotel Stratosphere recebeu sete prêmios em uma votação anual dos leitores do *Las Vegas Review-Journal*, incluindo "Prédio mais feio de Las Vegas", "Construção mais vulgar de Las Vegas" e "Hotel que mais merece ser implodido", e uma comenda especial para o próprio Bob Stupak: "A coisa mais vergonhosa de Las Vegas".

Houve também oito incêndios no hotel Stratosphere, três deles ocorreram antes mesmo da inauguração do hotel e um ocorreu na noite da abertura.

Houve um hóspede que morreu no quarto estrangulado por estranhos, uma metralhadora disparada na garagem e uma ação judicial envolvendo mais de 18 mil reclamantes.

"**...o hotel Stratosphere recebeu sete prêmios em uma votação anual dos leitores do *Las Vegas Review-Journal*...**" Contestável: Na verdade, é o *Las Vegas Sun* que realiza uma votação anual de leitores, embora o *Sun* tenha sido comprado pelo *Las Vegas Review-Journal*, então acho que é tecnicamente correto dizer que os prêmios foram dados pelo *Las Vegas Review-Journal*.

"...'Prédio mais feio de Las Vegas'..." Confirmado: Prêmio dado em 1997.

"...'Construção mais vulgar de Las Vegas'..." Confirmado: Esse prêmio foi dado no mesmo ano, 1997.

"...'Hotel que mais merece ser implodido'..." Confirmado: 1997.

"...e uma comenda especial para o próprio Bob Stupak: 'A coisa mais vergonhosa de Las Vegas'." Uau. Acho que o ano de 1997 foi difícil para o Stratosphere. (*No Limit: The Rise and Fall of Bob Stupak and Las Vegas' Stratosphere Tower* [Sem limites: ascensão e queda de Bob Stupak e da torre do Stratosphere em Las Vegas], John L. Smith, Huntington Press, 1997, p. 198.)

"Houve também oito incêndios no hotel Stratosphere..." Consigo confirmar, com certeza, pelo menos sete desses oito incêndios e, sem muita certeza, outros dois: agosto de 1993, durante a construção (*"Las Vegas News Briefs"* [Resumos das notícias em Las Vegas], *Las Vegas Sun*, 30 de outubro, 1999); 26 de abril, 1996 (*"Smoke, but No Towering Inferno"* [Fumaça, mas nada de inferno na torre], de Cathy Scott, *Las Vegas Sun*, 26 de abril, 1996); 5 de julho, 1996 (*"Las Vegas News Briefs"* [Resumos das notícias em Las Vegas], *Las Vegas Sun*, 5 de julho, 1996; 16 de abril, 1997 (*"Wastebasket Fire Leads to Evacuation at Stratosphere"* [Stratosphere é evacuado por causa de fogo em cesta de lixo], *Las Vegas Sun*, 16 de abril, 1997; março de 2000 (*Fire Engineering* [Engenharia de incêndio], 153, n. 3 [março de 2000]: 46, embora o texto afirme que "um incêndio causado por uma vela no segundo andar da loja Bath and Body Works, no hotel e cassino Stratosphere, em Las Vegas, Nevada, foi controlado pelo sistema de aspersores antes da chegada dos bombeiros", então foi um "incêndio" bem fraquinho); 13 de janeiro, 2003 (*"News Briefs for January 13, 2003: Sprinklers Douse Stratosphere Fire"* [Resumos das notícias de 13 de janeiro, 2003: Aspersores apagam fogo no Stratosphere], *Las Vegas Sun*, 13 de janeiro, 2003); e 3 de setembro, 2005 (*"Traffic, Lake Deaths Mar Weekend"* [Morte no trânsito e afogamentos marcam o fim de semana], de Mary Manning, *Las Vegas Sun*, 6 de setembro, 2005).

"...um ocorreu na noite da abertura." Contestável: Esse "incêndio" de 29 de abril de 1996 (como noticiado em *"Smoke Strands Guests Atop Tower"* [Fumaça deixa hóspedes presos no topo da torre], Da Redação, *Las Vegas Sun*, 1º de maio, 1996), na verdade, não foi um incêndio e sim um monte de fumaça causado por uma queima de fogos de artifício que terminou mal e disparou os alarmes de incêndio.

"Houve um hóspede que morreu no quarto estrangulado por estranhos..." Confirmado em *"Court Briefs for October 9, 2001"* [Resumos breves de 9 de outubro, 2001], *Las Vegas Sun*, 9 de outubro, 2001.

"...uma metralhadora disparada na garagem..." Confirmado em *"Police Defend Coverage of Violence-Prone Area"* [Polícia defende cobertura de área exposta à violência], *Las Vegas Sun*, 12 de março, 1997.

"...e uma ação judicial envolvendo mais de 18 mil reclamantes." Confirmado: Foi uma ação coletiva apresentada em nome de quase 19 mil pacotes de férias cancelados: "Embora Stupak tenha faturado mais de 25 milhões de dólares com a venda de dezenove mil pacotes de férias, o dinheiro acabou e ele foi forçado a ceder o controle do Stratosphere para o Grand. Em janeiro de 1997, ao se dar conta de que os 4,4 milhões de dólares em dinheiro e em contratos fechados por Stupak não chegavam nem perto de cobrir os 15 milhões de dólares que custariam os serviços prometidos, o Stratosphere informou que não conseguiria honrar os pacotes. Os clientes processaram Stupak e o Stratosphere, que declarou falência no início de 1997. Esse processo virou uma ação coletiva em junho passado" (*"Stratosphere to Honor Stupak's Vacation Packages"* [Stratosphere deve honrar os pacotes de férias de Stupak], de John Wilen, *Las Vegas Sun*, 6 de abril, 1998). Opa, foi mal.

Houve um alerta da Administração Federal de Aviação de que o plano arquitetônico da torre de 300 metros era 180 metros mais alto do que o permitido pelas normas do aeroporto. E depois houve a resposta do prefeito de Las Vegas dizendo que "é o trabalho [da AFA] tornar os aviões seguros para Vegas, e não o contrário". Houve, por um longo tempo, quando começou a construção da torre, um boato sobre uma anomalia que os moradores da cidade chamavam de "dobra", uma inflexão em uma das três pernas de 240 metros de altura que o empreiteiro do Stratosphere garantiu não ser um defeito estrutural significativo e que, numa manhã deserta alguns meses depois, desapareceu depois de ter sido preenchida com isopor e coberta com tinta.

"Houve um alerta da Administração Federal de Aviação de que o plano arquitetônico da torre de 300 metros era 180 metros mais alto do que o permitido pelas normas do aeroporto." Contestável: Qualquer prédio com mais de 240 metros de altura vira uma questão para a AFA. Havia uma preocupação de que a torre de Stupak em 1991 (cuja proposta falava em 310 metros) tivesse um "impacto adverso substancial" nas rotas de voo. Parece improvável que a proposta original para a estrutura extrapolasse em 180 metros as normas se ela estava apenas 70 metros acima da altura mínima analisada pela AFA, não? (*No Limit: The Rise and Fall of Bob Stupak and Las Vegas' Stratosphere Tower* [Sem limites: ascensão e queda de Bob Stupak e da torre do Stratosphere em Las Vegas], John L. Smith, Huntington Press, 1997, p. 198.) John, que fonte você usou?

John: Essa sua lógica não funciona aqui. Você acha que uma torre que ultrapasse em 180 metros as normas da AFA seria grande demais para eles analisarem? Que, se uma coisa tivesse uma altura mais viável, só assim eles iriam atrás dos construtores, mas se for muito mais alta do que isso, aumentam as chances de eles dizerem: "Que se foda, essa construção é alta demais pra nós"?

Jim: Não é isso que estou dizendo... Eu quis dizer que, se a altura de 310 metros da torre proposta originalmente estava 180 metros acima das normas da AFA, isso significa que as normas teriam de regrar construções a partir de 125 metros. Porém, a AFA só é acionada para construções com mais de 240 metros de altura. Isso significa que existe uma faixa dos 125 metros até os 240 metros que está acima das normas dos aeroportos, mas com a qual a AFA não se importa.

John: Você está tentando complicar essa história de propósito? Que diferença faz? Tenho uma fonte para essa informação, que parece ser a única coisa que interessa pra você. Isso, e dedurar agências federais.

"E depois houve a resposta do prefeito de Las Vegas dizendo que 'é o trabalho [da AFA] tornar os aviões seguros para Vegas, e não o contrário'." Segundo o texto *"Consultant Calls Tower Obstacle to Air Traffic"* [Consultor diz que torre é obstáculo para o tráfego aéreo], *Las Vegas Sun,* 3 de junho, 1994.

"Houve, por um longo tempo, quando começou a construção da torre, um boato sobre uma anomalia que os moradores da cidade chamavam de "dobra", uma inflexão em uma das três pernas de 240 metros de altura que o empreiteiro do Stratosphere garantiu não ser um defeito estrutural significativo e que, numa manhã deserta alguns meses depois, desapareceu depois de ter sido preenchida com isopor e coberta com tinta." Não encontrei nenhuma referência disso. John?

John: O "boato" sobre a dobra do Stratosphere é uma anedota, por isso que chamam de "boato". Minha primeira viagem para Las Vegas foi no verão de 1994, quando a torre ainda estava sendo construída. Em um ônibus de turismo que ia de Las Vegas para a represa Hoover, nós ficamos parados um pouco na base da torre por causa do trânsito e o motorista do ônibus – que também era nosso guia – disse que uma das três pernas da torre estava torta e que os moradores se irritaram tanto com isso (mesmo sendo supostamente seguro) que o empreiteiro retocou o ângulo torto da perna com isopor.

Jim: Hum... você tem algum registro dessa história, talvez anotações de sua viagem?

John: Você quer evidências de um boato?

Jim: Se você está dizendo que havia um boato, preciso verificar se houve mesmo um boato. Você lembra o nome da empresa de turismo?

John: Você está falando sério?

Jim: Tarde demais para ficar de brincadeira.

John: Não, eu não me lembro do nome de uma companhia de turismo de 15 anos atrás. Sinto muito, mas não tenho como satisfazer a ânsia factual dos leitores.

Jim: E existe alguma anotação dessa viagem?

John: Em 1994, eu estava no segundo ano da faculdade, estudando latim e grego – e não escrita criativa –, e estava de férias com meus avós. Estávamos indo para a represa Hoover numa viagem de ônibus pelo deserto que durou uma eternidade, sem ar-condicionado. Não fiz nenhuma anotação, Jim.

Houve, antes da inauguração, a cotação das ações do hotel no valor de 14 dólares.

E, depois da inauguração, o valor de 2 centavos de dólar.

Houve os supostos 35 milhões de dólares que a obra teria custado, os 500 milhões que de fato custou e os 800 milhões que acumulou em dívidas.

Houve a falência do hotel.

Houve o homem de Utah que se jogou da torre no ano 2000.

O homem da Grã-Bretanha que se jogou depois disso.

O salto do produtor de *Las Vegas Elvis*, um *reality show* produzido pela TV local sobre um sósia oficial de Elvis Presley que disse aos repórteres, quando soube da morte: "Agora, toda vez que olhar para o Stratosphere, vou pensar que é o meu *heartbreak hotel*".

"Houve, antes da inauguração, a cotação das ações do hotel no valor de 14 dólares." Confirmado em *"Stratosphere to Honor Stupak's Vacation Packages"* [Stratosphere vai honrar os pacotes de férias de Stupak], de John Wilen, *Las Vegas Sun*, 6 de abril, 1998.

"E, depois da inauguração, o valor de 2 centavos de dólar." Confirmado: *"Stratosphere Stock Mystery Explained"* [Mistério das ações do Stratosphere é decifrado], de Gary Thompson, *Las Vegas Sun*, 26 de fevereiro, 1998.

"Houve os supostos 35 milhões de dólares que a obra teria custado..." Confirmado, *No Limit* [Sem limites], p. 171.

"**...os 500 milhões que de fato custou...**" Contestável: Na verdade, esses "500 milhões" deveriam ser 550 milhões, de acordo com "*Stratosphere Files Bankruptcy*" [Stratosphere declara falência], de Adam Steinhauer, *Las Vegas Review-Journal*, 28 de janeiro, 1997.

John: Foi abreviado para "500 milhões" por causa do ritmo do texto.

"**...e os 800 milhões que acumulou em dívidas.**" Contestável: Deveriam ser 887 milhões, e não "800 milhões", de acordo com "*Stratosphere Creditors Coming Out of the Woodwork*" [Credores do Stratosphere vêm do setor madeireiro], de Brian Seals, *Las Vegas Sun*, 1º de maio, 1998.

John: Ritmo.

"**Houve a falência do hotel.**" Confirmado: *"Stratosphere Stock Mystery Explained"* [Mistério das ações do Stratosphere é decifrado], de Gary Thompson, *Las Vegas Sun*, 26 de fevereiro, 1998.

"**Houve o homem de Utah que se jogou da torre no ano 2000.**" Confirmado: *"Man Jumps to Death from the Top of 1,149-foot Hotel Casino Tower"* [Homem morre ao se jogar de torre com 350 metros de um hotel e cassino], de Trevor Hayes, *Las Vegas Journal-Review*, 6 de janeiro, 2000.

"**O homem da Grã-Bretanha que se jogou depois disso.**" Confirmado: *"Man Jumps from Stratosphere Tower"* [Homem se joga da Stratosphere Tower], *Las Vegas Review-Journal*, 8 de fevereiro, 2006.

"**O salto do produtor de *Las Vegas Elvis*, um *reality show* produzido pela TV local sobre um sósia oficial de Elvis Presley que disse aos repórteres, quando soube da morte: 'Agora, toda vez que olhar para o Stratosphere, vou pensar que é o meu *heartbreak hotel*'.**" Contestável: O título correto do *reality show* era Vegas Elvis ("*Tragedy Follows* Elvis *Show Work*" [Tragédia marca os trabalhos no programa *Elvis*], *Las Vegas Review-Journal*, 30 de março, 2005). Também não encontrei nada que confirme que esse homem é um "sósia oficial de Elvis Presley". E é preciso corrigir a citação: "Melanie era uma pessoa maravilhosa e, agora, o Stratosphere será sempre um *Heart Break Hotel* para mim" (*"Heartbreak Hits* Vegas Elvis *Reality Show"* [Tristeza afeta o *reality show* Vegas Elvis], *Casino City Times*, 13 de abril, 2005).

John: A frase soa melhor da maneira como eu reformulei. E não alterei a essência do que ele está dizendo.

Há a visão que se tem a partir de um trampolim no pátio de uma escola: sozinho no céu contra o extenso horizonte marrom.

Há a visão que se tem a partir da janela de um asilo: sozinho no céu acima da linha de árvores. E quando se chega à cidade pelo Norte na 95 ou pelo Sul na 15 ou pelo Leste na 93, há os oito, ou 25, ou 32 quilômetros em que o Stratosphere se destaca ao longe, sozinho acima da borda alta das montanhas negras do vale, sozinho no meio da Las Vegas Strip,

"...sozinho no céu..." Contestável: O Stratosphere não está de forma alguma "sozinho no céu" em Vegas. Existem muitos prédios altos sendo construídos todos os dias. Ele é, com certeza, o mais alto – isso é verdade – e é de longe o mais alto naquela parte da cidade. Mas o Stratosphere, definitivamente, não está "sozinho no céu". John está exagerando.

John: Eu quis dizer "sozinho" de um jeito sentimental – significa que o prédio parece triste e solitário, apesar de ser cercado por outros prédios. Você tem que admitir um pouquinho de poesia, Jim. Embora, na minha opinião, também exista alguma verdade material nessa afirmação, porque a torre estava fundamentalmente sozinha no céu na época em que Levi morreu. É recente o surto de construções em Las Vegas que fez aumentar o número de edifícios altos no horizonte da cidade, mas por muito tempo o Stratosphere estava mesmo "sozinho" no céu.

"...da janela de um asilo: sozinho no céu..." Idem. Mas confirmo que, em Vegas, existe um bom número de asilos, casas de repouso e lares de idosos com janelas pelas quais alguém poderia olhar.

"E quando se chega à cidade pelo Norte na 95 ou pelo Sul na 15 ou pelo Leste na 93, há os 8, ou 25, ou 32 quilômetros em que o Stratosphere

se destaca ao longe…" Contestável: Parece que essa parte foi escrita de memória sem a ajuda de um mapa. Enquanto a estrada 15 entra na cidade pelo Sul, seria mais correto dizer que a estrada 95 entra pelo noroeste e que a estrada 93 entra pelo nordeste. Mas, na verdade, ambas parecem entrar na cidade por ângulos similares. E se você está se aproximando da cidade pelo sul, a torre não parece mesmo se destacar ao longe. Do aeroporto (que fica ao sul da Strip), tive de procurar pela torre porque ela estava escondida atrás das palmeiras ao meu redor e, uma vez que encontrei a torre, somente a ponta da torre ficava acima das montanhas. Quando perguntei onde estava a torre para as pessoas que trabalham no aeroporto, elas tiveram de procurar um pouco até encontrar. Não é como se ela fosse um ponto de referência para todos os veguenses ou coisa parecida. (Eu me pergunto se existem muitos veguenses veganos? Imagino uma quantidade enorme de dançarinas mostrando seus guarda-roupas em que nada é de origem animal.) Por sorte, no entanto, existem pessoas dedicadas a fotografar a cidade, em intervalos de distância, ao longo de cada uma dessas autoestradas. Supondo, pelos paralelos criados no texto de John, que as afirmações sendo feitas são de que "o Stratosphere se destaca ao longe por 8 quilômetros vindo do Norte pela 95", que "o Stratosphere se destaca ao longe por 25 quilômetros vindo do Sul pela 15" e que "o Stratosphere se destaca ao longe por 32 quilômetros vindo do Leste pela 93", consultei fotografias no *RockyMountainRoads.com* para determinar se essas afirmações estavam corretas. Vindo do Norte pela 95, na marca dos 8 quilômetros, a coisa mais alta que você consegue enxergar são as luzes das ruas e as linhas de energia perto da estrada; e não a torre. Vindo do Sul pela 15, a torre é visível, mas o mesmo vale para vários outros cassinos. E vindo do Leste/Norte pela 93, só existem imagens do ponto em que a 93 encontra a 15, e nesse ponto você ainda está nas montanhas, que são tudo o que se vê.

"…da borda alta das montanhas negras do vale…" Contestável: A cor das montanhas nos arredores de Las Vegas varia ao longo do dia. Em algumas áreas, elas parecem marrons, em outras, elas parecem negras, e há momentos em que elas parecem um laranja intenso. Constatei que as montanhas ao Leste têm uma aparência mais acastanhada. As que parecem negras ficam ao Sudeste.

> sozinho no extremo de uma ponte chamada Poets Bridge, a algumas quadras da torre, em uma região perigosa da cidade, na qual alguém escreveu com um marcador permanente preto – no concreto, versos que estão inscritos na ponte – *Você se pergunta o que fará quando alcançar a extremidade do mapa, lá no horizonte, todo aquele neon acenando para você no meio da escuridão.*

"...sozinho no meio da Las Vegas Strip, sozinho no extremo de uma ponte chamada Poets Bridge, a algumas quadras da torre..." Contestável: Em primeiro lugar, a ponte de que John está falando fica na Lewis Avenue com a 14th Street, e nenhuma das duas é considerada "a Strip". E, embora essa interseção seja mais ou menos paralela ao que seria considerado o "meio" da Las Vegas Strip, mesmo assim seria incorreto afirmar que a ponte se localiza na Strip. Em segundo lugar, como é que John pode dizer "no extremo de uma ponte chamada Poets Bridge"? Por definição, uma ponte não é aberta? De qual extremo ele está falando? Em que lado está o ponto de partida? Onde nós estamos? A sintaxe de John é extremamente confusa aqui, ou talvez seja imprecisa de propósito porque ele sabe a besteira que está falando. Em terceiro lugar, essa interseção fica a quase 3 quilômetros do Stratosphere. De acordo com uma estimativa que encontrei on-line, a extensão média de uma quadra no Sudoeste Americano é de 160 metros. Três quilômetros em Las Vegas seriam equivalentes a algo entre 15 e 20 quadras de uma cidade. É bem mais do que "algumas quadras".

> **John:** Estou criando uma imagem, Jim.
> **Jim:** Uma imagem baseada em quê? Na sua imaginação?
> **John:** Uma imagem baseada em uma certa percepção da cidade que não é só minha. O Stratosphere e a Poets Bridge ficam na mesma vizinhança em Las Vegas e essa é a questão aqui. Mas a questão mais importante é que ambas contribuem para o ambiente emocional da cidade,

algo que experimentei quando estava lá, e essa imagem – da maneira como estou criando – foi feita para que o leitor tenha uma noção desse ambiente.

Jim: Mas, se você está criando esse "ambiente" a partir de invenções, pura e simplesmente, você está, na verdade, impondo suas impressões subjetivas sobre uma cidade inteira. Isso não é muito responsável.

John: Não sou o primeiro a sugerir que Las Vegas é um lugar triste, Jim.

"...em uma região perigosa da cidade..." Contestável: De acordo com o *Insider's Guide to Las Vegas (3rd Edition)* [Guia de Las Vegas para iniciados (3ª edição)], o centro de Las Vegas, onde está localizada essa ponte, é cheio de advogados, prédios do governo e lanchonetes: "A área central, com um raio de 3 quilômetros a partir da Freemont Street e do Las Vegas Boulevard, há tempos serve de espaço para tribunais, bancos, prédios governamentais e, claro, cassinos. O Gateway District fica nos limites do centro. Essa área está se firmando como um distrito das artes, com a Arts Factory no Charleston Boulevard servindo de eixo cultural. Ocupando o lugar que antes era de um armazém, a Factory abriga uma variedade de organizações e negócios ligados às artes". Isso não se encaixa na descrição que John fez de "uma região perigosa da cidade". De acordo com o *Insider's Guide*, as "regiões perigosas" ficam nas áreas oeste e centro-sul da cidade que, nas palavras do *Insider*, "têm o aspecto de bairros violentos".

"...na qual alguém escreveu com um marcador permanente preto – no concreto, versos que estão inscritos na ponte – *Você se pergunta o que fará quando alcançar a extremidade do mapa, lá no horizonte, todo aquele neon acenando para você no meio da escuridão.*" Contestável: Na verdade, essas palavras estão inscritas direto no concreto da ponte. Na verdade, não existe nada escrito com um marcador permanente preto em parte alguma da ponte e também não vi nenhum tipo de vandalismo. Parece que John queria atribuir a esses versos algum significado misterioso sugerindo que foram rabiscados impulsivamente na ponte por algum adolescente rebelde ou algo assim, em vez de terem sido uma escolha medíocre (provavelmente por um comitê nomeado por uma burocrática agência do estado) para ocupar um espaço público da cidade. O fato é que os versos são creditados (direto no concreto) e o autor é um cara chamado Kirk Robertson, que parece ter escrito uns 20 livros de poesia, além de figurar no "Salão da Fama dos Escritores de Nevada", na Universidade de Nevada, em Reno. Nada a ver com esse lance "contra o sistema" que John tentou criar aqui, infelizmente. Desculpe por estragar essa parte.

John: OK, talvez o marcador permanente seja uma coisa da minha cabeça.

7

Depois daquela primeira noite na linha direta do Centro de Prevenção contra o Suicídio, fiz alguns telefonemas para saber quem era Levi Presley.
Tentei ligar para seus pais, mas o número não estava na lista.
Tentei ir ao funeral, mas a cerimônia foi fechada.
Cheguei a ligar para o número que encontrei em um anúncio das páginas amarelas: *Vênus Investigações* – uma firma de investigação particular para "casos difíceis e incomuns".
Vênus tinha uma voz de fumante e, ao fundo, um cachorro latindo, crianças gritando e *Jeopardy!* na TV.
Quatrocentos dólares em dinheiro, disse ela. Para "informações vitais".
Fiz uma transferência do dinheiro.
Cinco dias depois, Vênus me ligou para contar qual era o nome do meio de Levi. Ela me disse que os pais de Levi tinham se conhecido no Arizona. Disse que Levi nunca havia cometido crimes. Ela me deu o endereço deles e disse: "Existe uma gravação".
"Uma gravação?", perguntei.
"Uma gravação de câmeras de segurança."
Tudo que acontece em um hotel na cidade de Las Vegas é registrado por milhares de câmeras instaladas nos tetos dos prédios.

"Depois daquela primeira noite na linha direta do Centro de Prevenção contra o Suicídio, fiz alguns telefonemas para saber quem era Levi Presley." Essa afirmação é baseada na experiência pessoal de John e não está nas anotações. Devo notar que essa história de "primeira noite" soa particularmente suspeita.

John: Por quê?

"Tentei ligar para seus pais, mas o número não estava na lista." Como mencionado antes, decidi que não valeria o esforço de procurar uma lista telefônica da época. No entanto, bastou uma busca simples na internet para encontrar o número de telefone e o endereço dos pais de Levi. Se eles fossem o tipo de pessoa que se esforça para tirar o número da lista, não faria sentido permitir que esses dados ficassem disponíveis on-line. É um processo bem simples conseguir que seus dados sejam apagados desses *sites*. Por isso achei essa afirmação suspeita.

"Tentei ir ao funeral, mas a cerimônia foi fechada." Confirmado, mais ou menos. A nota de falecimento de Levi Presley no *Las Vegas Review-Journal* indica que a funerária responsável pela cerimônia de Levi se chamava "Serviços de Cremação e Sepultamento a Preços Acessíveis". Telefonei para o escritório da funerária e, embora não tivessem registros à mão sobre o funeral de Levi, eles confirmaram que, informalmente, quase todos os funerais são limitados às famílias e aos amigos próximos. (Eles não barram as pessoas na porta, mas também não divulgam nem fornecem informações sobre quem está sendo enterrado quando pessoas aleatórias entram em contato, como fez John.)

"**...uma firma de investigação particular para 'casos difíceis e incomuns.'**" Contestável: Uma fotocópia desse anúncio, fornecida por John, diz: "Especializada em Casos Difíceis e Incomuns".

"Vênus tinha uma voz de fumante e, ao fundo, um cachorro latindo, crianças gritando e *Jeopardy!* na TV." Esses detalhes a respeito de

Vênus estão nas anotações de John. *Jeopardy!* foi grafado corretamente. Não consigo acreditar que Alex Trebek raspou o bigode, que lástima.

"Quatrocentos dólares em dinheiro, disse ela. Para 'informações vitais'. Fiz uma transferência do dinheiro." Consigo confirmar esse valor com um recibo que John anexou em seus documentos. Ele indica que uma transferência bancária de 400 dólares foi feita por John para – veja só! – uma srta. Vênus Lovetere de Las Vegas, Nevada.

"Cinco dias depois, Vênus me ligou para contar qual era o nome do meio de Levi. Ela me disse que os pais de Levi tinham se conhecido no Arizona. Disse que Levi nunca havia cometido crimes. Ela me deu o endereço deles..." Experiência pessoal que não aparece nas anotações.

"...e disse: 'Existe uma gravação'." Confirmado: No relatório do médico legista, há uma referência ao fato de Levi ter sido filmado no Stratosphere antes de cometer suicídio.

"Tudo que acontece em um hotel na cidade de Las Vegas é registrado por milhares de câmeras instaladas nos tetos dos prédios." Contestável: Usar câmeras em uma área onde as pessoas possam ter "expectativa de privacidade" é ilegal e configura invasão de privacidade – como em banheiros, spas, ou quartos de hotel (de acordo com um texto publicado em *Electronic Monitoring in the Workplace: Common Law & Federal Statutory Protection* [Monitoramento eletrônico no ambiente de trabalho: direito comum e proteção jurídica federal]). Tecnicamente, nem "tudo que acontece em um hotel de Las Vegas" é gravado.

"Desse jeito, se alguém estiver trapaceando no jogo de cartas", disse Vênus ao telefone, "ou se houver uma briga em algum lugar, um assassinato, todo tipo de merda, o hotel pode compilar as imagens relevantes e enviar para a polícia. Isso reduz a responsabilidade deles".
"E eles fizeram uma dessas compilações sobre o Levi?"
"Cara, fiquei sabendo que sim. É."
"Será que eu poderia assistir?"
"Porra, por que você faria uma coisa dessas?"
Levi gostava de ir ao Applebee's.
Ao In-N-Out.
A um lugar que não existe mais.
Ele usava bastante roupa branca.
Às vezes, usava uma corrente de prata.
E óculos de armação roxa.
Ele gostava de uma garota chamada Mary.
E de Eminem.
Era chamado de "meu bichinho" pela mãe.
E chamava seu Chrysler LeBaron de "Ganso".
Ele disse que estava triste.
Perguntei por quê.

"Levi gostava de ir ao Applebee's. Ao In-N-Out. A um lugar que não existe mais. [etc.]" Um detalhe de continuidade: Mesmo ignorando se cada uma dessas coisas é ou não verdade, a lista não confere com a original que John forneceu: A respeito de Levi Presley, só tenho certeza de como era sua aparência, quantos anos tinha, qual era o carro que dirigia, a escola que frequentava, a garota de que gostava e que garota gostava dele, sua roupa favorita, filme favorito, restaurante favorito, banda favorita, qual era sua faixa no *tae kwon do*, que desenho tinha esboçado na parede do quarto – com um traço muito suave, a lápis – e que um dia planejava finalizar, quais eram os trabalhos feitos na escola de arte que lhe davam mais orgulho e se os temas que escolhia podiam ser vistos como um sinal de "ideação" suicida, o apelido de seu carro, os dois apelidos diferentes que cada um de seus pais lhe deu, suas respostas na última prova-relâmpago que fez na escola – *O que é bom? O que é ruim? O que "arte" significa para você? Agora, olhe para a cadeira sobre a mesa na sua frente e a descreva em termos literais* – e qual era o perfume, entre os cinco que Levi guardava no armário do banheiro, no fim do corredor, que ainda era possível sentir em seu quarto na época da minha primeira visita, três meses após sua morte, mesmo depois de seus pais arrancarem o carpete, jogarem fora a cama e tirarem tudo do armário, menos seus trabalhos artísticos". Ele foi bem negligente, ainda mais se você considerar a obsessão de John pelos "efeitos artísticos" das coisas. Quero dizer, esse catálogo não deveria ser reorganizado para respeitar o original?

John: Não. Essa versão da lista foi elaborada para partir das informações sobre Levi não muito íntimas (como seu restaurante favorito) para, aos poucos, chegar às informações bastante íntimas (como o apelido que a mãe deu para ele, ou o que eu pensei ter conversado com ele por telefone).

"Ele disse que estava triste. Perguntei por quê. Ele disse umas coisas. Perguntei que tipo de coisas. Não faz diferença. Por que não. Que saco. Desligou." Não há nenhuma evidência dessa conversa nas anotações de John, a não ser pela referência ao telefonema de um "jovem" em seu caderno de atendente da linha de emergência e depois a observação: "desligou". E, como mencionei antes, é estranho que John seja capaz de lembrar dessas conversas *verbatim*, ainda mais se ele ignorou a ligação desse garoto logo de cara, como menciona no texto. É tudo muito suspeito.

Ele disse umas coisas.
Perguntei que tipo de coisas.
Não faz diferença.
Por que não.
Que saco.
Desligou.
Sentei ao lado dos Presleys em uma poltrona reclinável La-Z-Boy verde, de couro, segurando no meu colo a urna preta de cerâmica com as cinzas de Levi.
Estávamos sob o teto abobadado da casa onde moram.
Estávamos assistindo ao canal TV Land.
Comemos castanhas, Triscuits e molho de espinafre, e bebemos Coca-Cola.
Tomamos sopa e daí comemos uma salada, daí frango e daí *brownies*.
Vimos os desenhos de Levi por vários minutos.
Cruzamos o vale de carro até o Tae Kwon Do for Kids, o estúdio em que Levi treinava e dava aulas depois da escola.

"Sentei ao lado dos Presleys em uma poltrona reclinável La-Z-Boy verde, de couro, segurando no meu colo a urna preta de cerâmica com as cinzas de Levi." A grafia de La-Z-Boy está correta. Não há nenhuma referência à cremação de Levi no jornal nem de uma urna preta de cerâmica nas anotações de John, mas a já mencionada funerária se chamava "Serviços de Cremação e Sepultamento a Preços Acessíveis", então talvez seja mais seguro acreditar em John aqui. E é comum que as urnas sejam de cerâmica.

"Estávamos sob o teto abobadado da casa onde moram. Estávamos assistindo ao canal TV Land. Comemos castanhas, Triscuits

e molho de espinafre, e bebemos Coca-Cola. Tomamos sopa e daí comemos uma salada, daí frango e daí *brownies*. Vimos os desenhos de Levi por vários minutos." Aparentemente, um "teto abobadado" é apenas um teto comum curvado adjacente ao telhado ou algo assim. Algumas fontes observam que esse tipo de teto é difícil de isolar, mas os Presleys vivem no deserto e talvez isso não seja um problema. No entanto, a maioria desses detalhes não está nas anotações de John. Mas existem algumas referências às artes de Levi. A grafia de TV Land foi confirmada no *site* da TV Land.

John: Um teto que é "adjacente ao telhado ou algo assim"? É isso que você chama de checagem rigorosa?

"Cruzamos o vale de carro até o Tae Kwon Do for Kids..." De acordo com as anotações de John, o nome correto desse estúdio de *tae kwon do* é "Cory Martin's ATA Black Belt Academy and Karate for Kids" [Academia Faixa Preta da ATA (Associação Americana de *Tae kwon do*) e Caratê para Crianças, de Cory Martin]. De onde John tirou o nome usado no texto é um mistério, assim como o motivo para ter alterado o nome.

John: Mudei o nome para simplificar. No estúdio de Cory, Levi estudava *tae kwon do* e, no entanto, o nome do estúdio daria a entender que lá não é possível estudar *tae kwon do*. Para evitar uma confusão desnecessária – e para evitar uma explicação complicada e desajeitada que detalhasse como Levi conseguia estudar *tae kwon do* em um estúdio de caratê –, mudei o nome. E o mundo não acabou!

"...e dava aulas depois da escola." Confirmado: De acordo com as anotações de John, a mãe de Levi diz que ele estava ajudando a treinar uns garotos no estúdio, depois da aula.

"Em seus estudos, o antigo príncipe indiano que inventou o *tae kwon do*..." Contestável: De acordo com o *site* da Associação Americana de Tae Kwon Do, e segundo uma ampla variedade de outras fontes, o *tae kwon do* começou a ser desenvolvido nos anos 1950, então é improvável que ele tenha sido inventado por alguém que possa ser considerado "antigo". Além disso, a Associação Americana de Tae Kwon Do atribui a origem do formato a um estilo chamado *"t'aekyon"*, desenvolvido na Coreia e não na Índia: "Embora sua origem remeta, de alguma forma, à antiguidade, é um fato histórico que o *tae kwon do* como uma arte organizada é algo relativamente moderno. Na verdade, sua história começa a ser documentada na Coreia em meados dos anos 1990... embora a forma atual do *tae kwon do* só tenha sido oficializada em 1955, quando um general coreano chamado Hong Hi Choi organizou um movimento para unificar os vários estilos de artes marciais de seu país em uma prática única. Ele apresentou o nome *"tae kwon do"* para um comitê formado especialmente para definir o nome dessa nova arte. No dia 11 de abril de 1955, *tae kwon do* foi reconhecido, oficialmente, como o nome da nova e unificada arte marcial coreana". A única coisa que consegui encontrar para confirmar a teoria de John sobre o *tae kwon do* ter surgido na Índia foi um link para um *site* incorrigivelmente tosco que cita um príncipe indiano como um possível inventor do caratê (mas não do *tae kwon do*): "De maneira geral, é aceito que o caratê surgiu na Índia por volta de 450 d.C. A tradição oral fala de um abastado príncipe indiano que fez experiências com escravos usando agulhas para encontrar as partes fracas do corpo. Ele também observava animais lutando. Reparou, por exemplo, como o tigre enrijecia o corpo antes de entrar em ação e como utilizava as garras para rasgar um adversário. Ele também observou os movimentos de outros animais e procurou adaptá-los ao corpo humano. Depois disso, testou com os escravos, dessa vez usando socos e pontapés de verdade, em vez de agulhas, para descobrir onde e como atingir um adversário a fim de alcançar o efeito desejado. Segundo a lenda, mais de cem escravos foram mortos nesse experimento grotesco". Deixando de lado o fato de que o *site* está descrevendo, de forma duvidosa, uma história do caratê (e, de novo, não do *tae kwon do*), ele se esforça para defender a veracidade da história que está apresentando: "Partes deste documento se baseiam em tradições orais e a veracidade deste documento depende da veracidade dessas tradições". Ele está admitindo, em outras palavras, que está reproduzindo boatos. John, alguma outra fonte mais confiável?

John: Não é "boato", é lenda. Existe uma diferença. Histórias orais são tão legítimas quanto qualquer outro tipo de história; na verdade, eu diria que são até mais confiáveis porque elas se formam de maneira orgânica e não institucional.

Jim: Com certeza, essa é uma discussão que renderia pano pra manga, mas vou evitá-la para preservar minha sanidade. Nesse caso, gostaria de chamar sua atenção para o fato de que uma seção diferente desse mesmo *site* fornece um relato padrão sobre a origem do *tae kwon do* e, portanto, contradizendo totalmente a história de seu querido príncipe indiano: "*Tae kwon do* é o nome coreano de um sistema de combate sem armas que é virtualmente idêntico ao caratê do Japão e que, de fato, foi influenciado em tempos recentes pelo caratê japonês. No entanto, as origens do *tae kwon do* remetem à história antiga da Coreia. O *chuan fa*, introduzido no norte da Coreia por monges budistas no século 4º, evoluiu para uma forma chamada *tae kyon*. As habilidades acabaram se espalhando para além dos templos e eram ensinadas como um sistema de proteção pessoal. Estátuas religiosas do período Silla (668 d.C.–935 d.C.) mostram técnicas similares às do caratê, indicando uma relação próxima entre o *tae kyon* e a religião na época". Como pode ser confiável um *site* que muda sua versão a cada parágrafo?

John: Você não está entendendo.

Jim: Explique.

John: A questão é que esse *site* – apesar de ser meio tosco – está tentando argumentar (1) que o caratê está na origem do *tae kwon do*; (2) que a Índia talvez esteja na origem do caratê; e (3) que todas essas histórias são questionáveis. Por isso ele está atribuindo essa história a uma lenda. E, no lugar de onde venho, no mundo da "não ficção literária" – o mundo do ensaio-como-literatura em oposição ao ensaio-como-explicação –, não é necessário, nem mesmo apropriado, exigir que uma lenda seja tão precisa e rigorosa quanto um fato.

Jim: Mas você não está atribuindo essa história a uma lenda, assim como não está afirmando que suas fontes são lendas. Você está apresentando essa história como se fosse um fato. E eu, o leitor hipotético, confio que você vai me dizer a verdade, ou que vai pelo menos se esforçar para me avisar sempre que estiver dizendo algo que obviamente não é verdade, mesmo que não seja verdade por "razões artísticas". Como é que você pode apresentar uma lenda simplória como se fosse fato e evitar questões de facticidade?

John: O nome disso é arte, imbecil.

Jim: Você usa essa desculpa para tudo.

John: Não é "uma desculpa", Jim. É como eu encaro o gênero. Naquele parágrafo, apresento uma história da Índia com 1.600 anos de idade sobre um cara que, supostamente, desenvolveu uma técnica para combater inimigos usando agulhas em escravos e observando os níveis de dor que causava. Na superfície, é uma história ridícula. Você não acha que o leitor médio vai reconhecer isso e dar um desconto?

Jim: Mas se você acha que é "ridícula" e está supondo que o leitor vai "dar um desconto", por que não fazer uma ressalva? É uma história falsa e confusa.

John: Porque é uma história bacana. É muito mais interessante do que a história sobre um comitê, nos anos 1950, criando o *tae kwon do* porque um general comunista achava que havia muitas formas de artes marciais e queria simplificar centenas de anos acumulados em tradições coreanas. A história sobre o príncipe indiano é sugestiva; ela cria uma atmosfera mais intrigante ao redor do *tae kwon do*. E como participar de um torneio de *tae kwon do* foi a última coisa que Levi fez antes de morrer, quis dar um significado para o esporte, e queria que ele tivesse mais ressonância no ensaio. A história do príncipe indiano dá ao *tae kwon do* essa ressonância, mais do que a assembleia de um comitê comunista.

Jim: Entendo que arte sem repercussão é chata. Mas você está inventando uma "significância" aqui. Não é como se você estivesse interpretando dados empíricos e revelando, de maneira profética, um significado que estava lá o tempo todo. Você está adaptando a vida de Levi à história que você quer contar.

John: Se *alguém* acredita no episódio sobre o príncipe indiano, considero que seja uma história em potencial, legítima, e não uma invenção. É uma ideia a respeito do *tae kwon do* que existe no mundo e é assim que vou narrar essa parte da vida de Levi. Pelo que a gente sabe, poderia ser também a interpretação que Levi fazia do *tae kwon do*.

Jim: Jesus... John, sou a favor do pós-modernismo e das muitas interpretações que podem dar forma à maneira como a gente aborda o passado, mas também acho que não se pode negar a existência de um passado objetivo feito de ações reais e afirmações reais que partiram de pessoas reais que habitaram o mundo, ainda que sejamos confusos e imprecisos no modo como registramos esse passado, ou confrontamos esse passado, ou extraímos significados desse passado em nossos modelos mentais. Um dos propósitos da história, além de interpretar e dar sentido ao passado, é descobrir o que aconteceu de fato. Entre as muitas tentativas de construir esse registro, umas são mais válidas do que outras do ponto de vista objetivo. Mas parece que você está insinuando que isso é arbitrário, que a afirmação de um *site* tosco vale tanto quanto um fato bem registrado com um monte de evidências para confirmá-lo. Concordo que devemos ser abertos a novas interpretações da história, mas só porque você é aberto a novas interpretações não significa que todas as interpretações são válidas. E, nesse caso, existe uma história disponível que é muito mais válida e que você escolheu ignorar por causa de requisitos literários. E isso não seria um problema se você estivesse usando esse conteúdo como ficção, mas você não está usando esse conteúdo como ficção. Você está usando esse conteúdo como história.

John: Jim, você já parou para pensar que talvez essas duas opções não sejam as únicas disponíveis? Que talvez exista uma terceira (ou mesmo uma quarta, uma quinta, uma sexta) alternativa? Que nossa compreensão do mundo não pode ser categorizada ou no compartimento "ficcional", ou no compartimento "histórico", sem nada intermediário? A gente acredita em verdades emocionais que jamais fariam sentido, mas mesmo assim a gente se agarra a elas e insiste que são relevantes.

Jim: Se eu tiver que checar verdades emocionais, vou procurar outro emprego.

John: Ótimo. Eu escrevo uma carta de recomendação para você.

Em seus estudos, o antigo príncipe indiano que inventou o *tae kwon do* inseria agulhas de prata no corpo de seus escravos, mapeando sistematicamente suas partes mais vulneráveis. Aos poucos, no decorrer de sua vida, o príncipe aprendeu que as agulhas podiam provocar dores insuportáveis, ou causar paralisia e que, às vezes, atingindo o lugar certo, uma agulha podia matar um escravo.

"Mas o *tae kwon do* não tem nada a ver com matar pessoas", disse o treinador de Levi. "Tem a ver com adquirir o conhecimento para fazer uma coisa e depois se refrear de fazer essa coisa."

Estávamos sentados em seu escritório cercados por troféus, ajudando o treinador a se preparar para um torneio que seria no dia seguinte, parafusando miniaturas de chutadores em pilares decorados com lantejoulas sobre uma base de madeira escura onde havia uma placa escrita CONQUISTA.

"'Mas o *tae kwon do* não tem nada a ver com matar pessoas', disse o treinador de Levi. 'Tem a ver com adquirir o conhecimento para fazer uma coisa e depois se refrear de fazer essa coisa.'" Há evidências de que John conversou com Cory Martin quando visitou seu estúdio com os pais de Levi. Mas essa conversa não aparece nas anotações.

"Estávamos sentados em seu escritório cercados por troféus, ajudando o treinador a se preparar para um torneio que seria no dia seguinte, parafusando miniaturas de chutadores em pilares decorados com lantejoulas sobre uma base de madeira escura onde havia uma placa escrita CONQUISTA." A única coisa que aparece nas anotações de John sobre essa montagem de troféus é a exclamação: "TROFÉUS!". Acho que podemos "interpretar" essa palavra como sendo a montagem de troféus, sobretudo porque parece que, agora, as "interpretações livres" prevalecem sobre todo o resto.

Aprendi que o *tae kwon do* tem apenas nove níveis – faixa branca, amarela, laranja, verde, azul, roxa, vermelha, marrom e uma série distinta de faixas pretas, cada uma delas com gradações de complexidade, nove níveis de nove séries em nove estágios sem fim – porque a cultura coreana não acredita que a gente possa atingir a perfeição.
Alguém disse "Hmm" enquanto ele terminava de montar mais um troféu.
Acho que porque pensam que Levi caiu por 9 segundos.

"**Aprendi que o *tae kwon do* tem apenas nove níveis...**" Aprendeu errado. Na verdade, existem onze níveis de cores no *tae kwon do*: branco, laranja, amarelo, camuflado, verde, roxo, azul, marrom, vermelho, vermelho/preto e preto (fonte: *site* American Tae Kwon Do). Mas também, de acordo com Encarta, "o sistema de ranking no *tae kwon do* divide-se em dez *kup* ou níveis de aluno". Não existe nenhuma evidência de que o *tae kwon do* faz uso do significado místico do número nove, como parece ser a esperança de John. Entendo que isso seja problemático, considerando que a estrutura inteira do ensaio é baseada nessa informação equivocada, mas não tenho como alterar os fatos (ao contrário de John...). Não quero cutucar a ferida, mas, se existe um número com "significância" no *tae kwon do*, é o oito, e não o nove: "A Federação Mundial de Tae Kwon Do (...) reconhece duas abordagens básicas para o ensino do *tae kwon do*, cada uma delas é formada por oito séries. Ambas as séries de oito são baseadas no antigo texto *The Book of Changes* [O livro das mutações], ou *I Ching*, em que ficam definidas oito combinações diferentes de Um Yang/Yin Yang... Os oito estágios são: Paraíso, Alegria, Fogo, Trovão, Vento, Água, Montanhas e Terra".

John: Minha referência foi o técnico de Levi. Se foi assim que ele ensinou *tae kwon do* para Levi, é assim que vou escrever o texto.

"...e uma série distinta de faixas pretas, cada uma delas com gradações de complexidade, nove níveis de nove séries em nove estágios sem fim..." Está quase certo. De acordo com a Wikipédia – que, no mundo de John, se qualificaria como uma "história oral não institucional potencialmente válida" –, "A razão para as nove graduações de faixa preta, segundo o general Choi, é que o número nove, além de ser o mais alto entre os números de apenas um dígito, ele é também três multiplicado por três. No Oriente, três é o número mais estimado de todos". Pelo menos eles reconhecem a afirmação de John de que existem nove estágios diferentes de faixa preta. Porém, essa história de "nove níveis de nove séries em nove estágios sem fim" não aparece em lugar nenhum na página e duvido que seja possível encontrar alguma referência disso fora da preciosa imaginação de John. É preciso se perguntar o quão distante alguém está da facticidade quando nem a Wikipédia concorda com ele.

"...porque a cultura coreana não acredita que a gente possa atingir a perfeição." Isso parece uma interpretação particularmente romantizada de toda uma cultura. Qual é a fonte, John?

> John: A essa altura, já não me importo. Você está sendo babaca.
> Jim: Mas de onde você tirou essa afirmação?
> John: Não conte mais comigo nesse processo.

"Acho que porque pensam que Levi caiu por 9 segundos." De novo, segundo o médico legista, e também de acordo com a gravação da morte de Levi feita pelo hotel, a queda dele durou apenas 8 segundos.

8

Quando você multiplica um número sagrado por ele mesmo, como o três, o resultado é um número sagrado.
Aprendi, por exemplo, que a nona esfera do paraíso é onde Deus reside.
Que antes de receber o significado secreto das runas, Odin teve de ficar pendurado numa árvore por nove dias.
Que existem sempre nove musas vivas em qualquer época.
Sempre nove donzelas nos antigos mitos celtas.
Sempre nove andares nos templos budistas mais sagrados.
Se uma criada encontra nove ervilhas em uma vagem e coloca essa vagem no chão da cozinha, o primeiro homem que entrar e pisar na vagem será o homem com quem ela vai se casar.
Nove nós em um fio de lã curam um tornozelo quebrado.

"Quando você multiplica um número sagrado por ele mesmo, como o três, o resultado é um número sagrado." Contestável: Honestamente, não faço ideia do que essa afirmação significa nem de onde ela foi tirada. E, nas anotações de John, não existe nenhuma evidência de que ele pesquisou esse assunto. É verdade que, em várias tradições religiosas, o número três é considerado místico e sagrado – o cristianismo tem a trindade, Jesus ressuscitando no terceiro dia, três reis magos com três presentes; e existem as três cidades sagradas do islamismo, os três patriarcas no judaísmo, os três puros no taoísmo etc. –, mas não encontrei nada na *Encyclopedia of Religion*

[Enciclipédia de religião] sobre o significado da multiplicação do três por ele mesmo para obter um número "sagrado".

"**Aprendi, por exemplo, que a nona esfera do paraíso é onde Deus reside.**" Contestável: Isso tem a ver com Dante? Porque, de acordo com Dante, Deus reside não *na* e sim *além* da nona esfera do paraíso, no chamado Empíreo (*Divine Comedy* [A Divina Comédia], de Dante Alighieri, Canto XXX, por meio de *Bartleby.com*).

"**Que antes de receber o significado secreto das runas, Odin teve de ficar pendurado numa árvore por nove dias.**" Um detalhe factual: Na verdade, Odin ficou pendurado por "nove dias e noites", não apenas nove dias (fonte: "*Odin's Nine Nights*" [As nove noites de Odin], de Jennifer Emick, *About.com*).

"**Que existem sempre nove musas vivas em qualquer época.**" Confirmado: Calíope, Clio, Erato, Euterpe, Melpômene, Polímnia, Tália, Terpsícore e Urânia (fonte: *Godchecker.com*).

"**Sempre nove donzelas nos antigos mitos celtas.**" Confirmado pela *Encyclopedia Mythica*.

"**Sempre nove andares nos templos budistas mais sagrados.**" Quase confirmado: Não é tanto "os templos budistas mais sagrados" que têm nove andares e sim "o templo budista mais sagrado de todos". De acordo com *BuddhaNet.net*: "Antes de sua morte, Buda ordenou que seus seguidores fizessem peregrinações para quatro lugares: Lumbini, onde ele nasceu; Uruvela (atual Bodh Gaya), o local de sua iluminação; Sarnath, o local de seu primeiro sermão; e Kushinara, onde ele morreu. Cada um desses lugares pode ser visitado hoje e Bodh Gaya continua sendo o mais sagrado dos quatro... Ele consiste em uma torre piramidal alta, de bordas retas, com nove andares".

"**Se uma criada encontra nove ervilhas em uma vagem e coloca essa vagem no chão da cozinha, o primeiro homem que entrar e pisar na vagem será o homem com quem ela vai se casar.**" Confirmado:

Encontrei um *site* aleatório que diz: "Se uma garota encontrasse nove ervilhas em uma vagem, ela colocaria na porta e o próximo homem disponível que atravessasse a porta seria seu futuro marido". Chegou perto o suficiente.

"Nove nós em um fio de lã curam um tornozelo quebrado." Contestável: De acordo com um texto intitulado *"Cape Breton/Uist Folklore: I Have a Charm for You"* [Folclore de Uist/Cabo Bretão: tenho uma simpatia para você], de Allan Gillis, existem duas referências importantes para os poderes mágicos dos nós na lã, mas nenhuma delas corresponde ao que John está dizendo. Primeiro, Gillis cita uma história de Plínio, que disse: "Algumas pessoas curaram doenças da virilha dando nove nós em um fio de teia de aranha e prendendo o fio na virilha do paciente; mas, para tornar a cura eficaz, era necessário nomear uma viúva para cada um dos nós amarrados". E, em seguida, que "distensões foram curadas por uma velha recitando uma rima sobre o membro ferido, ou pelo ato de colocar ao redor da distensão um fio tirado de um carretel branco e amarrado com sete nós". Então: chegou perto. Mas nada para se comemorar.

Nove grãos de trigo em um trevo de quatro folhas atraem uma fada vitoriana.
Posse, afinal de contas, é nove décimos da lei de propriedade.
Ficar de olho nos nove é ficar vesgo.
Dar tão certo quanto nove centavos é se dar muito bem.
Estar vestido para as nove horas é estar muito bem-vestido.
E estar na nuvem nove é estar chapado, uma frase que teve origem, segundo folcloristas, quando a Agência Meteorológica dos Estados Unidos dividiu todas as nuvens em nove níveis diferentes, as mais altas ficam a 9 mil metros de altura e são chamadas de *cumulonimbus*. Essas são as nuvens fofas, aquelas de regiões montanhosas, as que aparecem em dias ensolarados de verão e que também são a causa de tempestades.

"Nove grãos de trigo em um trevo de quatro folhas atraem uma fada vitoriana." Contestável: Em quase todos os lugares que pesquisei – o que inclui, previsivelmente, um monte de *sites* malfeitos sobre fadas –, são sete grãos de trigo para atrair uma fada, e não nove.

"Posse, afinal de contas, é nove décimos da lei de propriedade." Essa é uma expressão que existe. Mas ela é mais formalmente confirmada em *"Nine-Tenths of the Law: English Copyright Debates and the Rhetoric of the Public Domain"* [Nove décimos da lei: debates sobre os direitos autorais em inglês e a retórica do domínio público], de Mark Rose, em *Law and Contemporary Problems* 66, n. 75 (2003): 75-87.

"Ficar de olho nos nove é ficar vesgo." Confirmado: *Dictionary of Phrase and Fable* [Dicionário de frases e fábulas], de E. Cobham Brewer, 1898.

"Dar tão certo quanto nove centavos é se dar muito bem." Confirmado: *World Wide Words*, 1996.

"Estar vestido para as nove horas é estar muito bem-vestido." Confirmado: *World Wide Words*.

"E estar na nuvem nove é estar chapado, uma frase que teve origem, segundo folcloristas, quando o Serviço Nacional de Meteorologia dos Estados Unidos dividiu todas as nuvens em nove níveis diferentes, as mais altas ficam a 9 mil metros de altura e são chamadas de *cumulonimbus*. Essas são as nuvens fofas, aquelas de regiões montanhosas, as que aparecem em dias ensolarados de verão e que também são a causa de tempestades." Mais ou menos confirmado: Apesar de os folcloristas no *World Wide Words* confirmarem que esse é o significado da frase "estar na nuvem nove", nada mais faz sentido na história de John. Em primeiro lugar, existem mais do que nove classes de nuvens. De acordo com o Departamento de Meteorologia da Universidade de Denver, existem dez tipos, incluindo "*cirrus, cirrostratus, cirrocumulus, altocumulus, altostratus, stratocumulus, stratus, nimbostratus, cumulus* e *cumulonimbus*". Em segundo lugar, a Universidade de Illinois em Champaign-Urbana afirma, no *site* de seu Departamento de Estudos Atmosféricos, que as nuvens *cumulonimbus* podem chegar a até 12 mil metros de altura, e não 9 mil metros, e o Programa de Meteorologia da Universidade Estadual de Plymouth diz que chegou a identificar esse tipo de nuvem a 18 mil metros de altura. Entretanto, a NASA diz que as nuvens *cumulonimbus* não são as mais altas. Há indícios de uma forma rara de nuvem, chamada de "nuvem noctilucente", encontrada a 85 mil metros de altura. Talvez John queira corrigir a frase de modo a dizer que "o Serviço Nacional de Meteorologia dos Estados Unidos dividiu todas as nuvens em nove níveis diferentes e, entre as mais altas, estão as chamadas *cumulonimbus*"?

Acho que nós sabíamos, no entanto, que a queda, na verdade, tinha durado 8 segundos.
Fui de carro até o lugar em que eles viviam.
Fizemos planos de jantar em breve.
E nos despedimos com beijos e abraços, e prometemos manter contato.
Fui embora de Las Vegas cinco meses depois da morte de Levi Presley.
A certa altura, ficou claro para mim na visita aos Presleys que, na realidade, eu não falei com o filho deles na noite em que ele morreu.
Ficou claro, assim que deixei Las Vegas, que foi outro garoto que falou comigo.
Ficou claro que, se eu me esforçar para encontrar um significado, existe o risco de não encontrar nada que seja real.
Às vezes abrimos mão de conhecimento em busca de informações.
Às vezes abrimos mão também da sabedoria em busca do que chamam de conhecimento.

"Acho que nós sabíamos, no entanto, que a queda, na verdade, tinha durado 8 segundos." Caramba.

"Fui de carro até o lugar em que eles viviam. Fizemos planos de jantar em breve... [etc.]" Isso tudo é experiência pessoal de John, mas, se for verdade, por que ele fez o maior alarde no começo do texto ao citar um monte de coisas como se fossem fatos, sabendo que não eram fatos, só para se contradizer agora?

"Ficou claro que, se eu me esforçar para encontrar um significado, existe o risco de não encontrar nada que seja real." Ei, essa frase é minha.

"Às vezes abrimos mão de conhecimento em busca de informações. Às vezes abrimos mão também da sabedoria em busca do que chamam de conhecimento." *Touché.*

9

Levi voltou para casa às duas da manhã, ou eram duas e meia da manhã. Mas nem Gail, sua mãe, nem o Levi sênior, seu pai, conseguem se lembrar da hora exata. No entanto, isso não importa, ambos dizem, porque ele deveria ter voltado para casa às onze da noite. "Não falamos nada naquela hora porque ele tinha um torneio no dia seguinte, e sabíamos que ele precisava dormir", diz Gail. Levi dormiu por cinco horas ou dormiu por quatro horas e meia, depois acordou, tomou banho, se vestiu, não comeu nada, foi de carro até o torneio,

"Levi voltou para casa às duas da manhã... 'E a gente tinha acabado de dizer que ele estava de castigo'." O relatório do médico legista concorda com essa cronologia de eventos: "O médico legista Hank Missig, de Clark County, entrou em contato com os pais do jovem morto na residência deles. Os dois [Gayle e Levi Presley] informaram que o jovem tinha voltado para casa de madrugada e que talvez tivesse fumado maconha. O jovem teve que participar de um torneio de caratê à tarde e seu desempenho não foi bom. Por volta das 17 horas, depois de voltar para casa após o torneio, o jovem foi colocado de castigo pelo pai por causa de suas atividades na madrugada. Depois o jovem saiu de casa, entrou no carro e foi embora".

se alongou, torceu, competiu, perdeu, voltou de carro para casa, bateu a porta do carro, bateu a porta de casa, bateu a porta do quarto e não saiu mais. "Ele ficou lá por mais ou menos duas horas", diz Gail. Isso é estranho? "Não é estranho", diz ela, "mas, depois de um torneio, acho que seria um pouco estranho, porque ele gostava muito de falar sobre esses encontros quando voltava para casa". Depois de mais uma hora, Gail diz que ela e o marido chamaram Levi para conversar no quarto de casal, disseram que ele estava de castigo por ter voltado para casa depois do horário combinado e por ter ido a uma festa com garotos que usavam drogas, assim eles suspeitavam. Gail diz que usavam *ecstasy*. Levi sênior diz maconha. Levi diz *OK*, joga o celular na cama dos pais e diz que talvez eles queiram confiscar o telefone também. Ele bateu a porta do quarto deles, bateu a porta da casa, bateu a porta do carro e foi embora. Isso é estranho? "Não é estranho, ele é um adolescente", diz Gail. "E a gente tinha acabado de dizer que ele estava de castigo." De carro, Levi foi na direção leste pela Pleasant Plains Way,

"**De carro, Levi foi na direção leste pela Pleasant Plains Way, virou à direita na Rainy River, à esquerda na Joe Michael, à direita na Shermcreft, à direita na Gowan, à esquerda na Rainbow, à direita na Cheyenne, seguiu pela Interstate 15 na direção Sul, passou por dois retornos, entrou à esquerda na Sahara, à esquerda na Vegas, à esquerda na Baltimore, à direita no estacionamento coberto do hotel Stratosphere.**" Ele teria que ter entrado à esquerda na Cheyenne, e não à direita, e seguir por 12 quilômetros na direção sul pela I-95 até chegar à Interstate 15. Caso contrário, se Levi tivesse entrado à direita na Cheyenne, ele jamais chegaria à 15 e, por consequência, jamais chegaria ao Stratosphere. Além disso, para chegar até a Sahara pela I-15 Sul, é preciso entrar à esquerda na Sahara porque o cassino fica a leste da rodovia.

virou à direita na Rainy River, à esquerda na Joe Michael, à direita na Shermcreft, à direita na Gowan, à esquerda na Rainbow, à direita na Cheyenne, seguiu pela Interstate 15 na direção Sul, passou por dois retornos, entrou à esquerda na Sahara, à esquerda na Vegas, à esquerda na Baltimore, à direita no estacionamento coberto do hotel Stratosphere. Ele encontrou uma vaga no nível cinco, o nível azul, à distância de três vagas do elevador. Eram 17h18. Em seguida, ou Levi desceu a pé dois lances de escada até o nível três do estacionamento, o nível laranja do estacionamento, onde uma passarela conecta a garagem à recepção do hotel; ou ele esperou pelo elevador. No entanto, isso foi no sábado e, em Las Vegas, aos sábados, nas primeiras horas da noite, os elevadores são lentos em toda parte. Uma vez dentro do cassino, Levi desceu as escadas com carpete vermelho e passou pela recepção dos grupos de turismo à sua direita

"Ele encontrou uma vaga no nível cinco, o nível azul, à distância de três vagas do elevador." Nada sobre isso nas anotações de John. No entanto, confirmo que existem vagas regulares de estacionamento à distância de três vagas do elevador, e que o nível cinco é de fato o nível azul, então essa parte parece estar correta. Porém, quando estive lá num sábado de manhã no início do outono, o nível cinco estava quase todo ocupado. Fico imaginando como deveria ser maior o movimento de um sábado à noite, no verão. Parece obra do destino que ele tenha conseguido uma vaga para estacionar no nível cinco. John, de onde você tirou essa informação?

John: Não aguento mais suas picuinhas. Você está destruindo o ensaio. Como disse antes, não conte mais comigo. Boa sorte.

Jim: Em outras palavras, você é o dono da bola e não quer mais brincar. Quanta maturidade. Olha, checar os fatos de modo que esse texto tenha um mínimo de rigor não é "picuinha" e acho que a maioria dos leitores concordaria comigo. A razão de ser desse processo é melhorar o seu texto. Mas acho que você é incapaz de dar o braço a torcer e mudar suas preciosas palavras que, sem dúvida, surgiram já prontas e imaculadas.

John: É, eu sou o imaturo.

"Eram 17h18." De acordo com o relatório do médico legista, Levi pulou da torre às 18h01. O relatório diz também que ele saiu de casa por volta das 17h. Uma estimativa do Google Maps diz que a distância de sua casa até o Stratosphere é de 20 quilômetros, ou cerca de 17 minutos, e é justo supor que ele estava correndo. À primeira vista, a afirmação de John de que "eram 17h18" parece razoável. No entanto, como disse antes, Vegas deixa Los Angeles no chinelo em termos de trânsito. Para que essa linha do tempo seja plausível, Levi precisaria ter saído de casa mais cedo do que diz o relatório do médico legista, ou cruzado só com sinais verdes ao longo do caminho inteiro e dado sorte na rodovia com um trecho particularmente tranquilo de tráfego.

"Em seguida, ou Levi desceu a pé dois lances de escada até o nível três do estacionamento, o nível laranja do estacionamento, onde uma passarela conecta a garagem à recepção do hotel; ou ele esperou pelo elevador. No entanto, isso foi no sábado e, em Las Vegas, aos sábados, nas primeiras horas da noite, os elevadores são lentos em toda parte." Confirmo que esse é o caminho que alguém precisa fazer para ir do nível cinco do estacionamento até o cassino, assim como o aspecto laranja no nível três, a existência da passarela e a lentidão perceptível dos elevadores nas noites de sábado. No entanto, Levi era um cara de 16 anos e os lances de escada entre os níveis do estacionamento são bem pequenos. Não acho que um garoto impaciente esperaria para entrar em um elevador lotado se estivesse no estado de espírito em que ele provavelmente estava.

"Uma vez dentro do cassino, Levi desceu as escadas com carpete vermelho..." Quando fiz o percurso, o carpete era roxo desbotado e não vermelho.

"...e passou pela recepção dos grupos de turismo à sua direita..."
Confirmado: à direita.

e pelo Roxy's Diner à sua esquerda, onde um DJ toca rock dos anos 50 e os garçons e garçonetes cantam. Porque era sábado e começo da noite no Roxy's, "o lugar devia estar cheio", diz o garçom Johnny Pot Roast, que afirma ter trabalhado naquela noite. "E é possível que eu estivesse cantando 'Grease Lightning', porque é uma música cheia de energia e é disso que a gente precisa numa noite de sábado." Quando Johnny começa a cantar, as garçonetes sacam microfones do bolso do avental e sobem nas divisórias entre as mesas do restaurante. Elas acenam com os blocos de pedido e dançam sem sair do lugar enquanto os clientes levam garfos cheios de batata

"…e pelo Roxy's Diner à sua esquerda…" Mas o Roxy's Diner não fica em frente à recepção dos grupos de turismo. É incorreto sugerir que, ao virar à direita, Levi estaria de frente para essa recepção e, ao virar à esquerda, ele veria o Roxy's. Existe uma boa distância entre um e outro.

"…onde um DJ toca rock dos anos 50 e os garçons e garçonetes cantam." Eles cantam mesmo, como rouxinóis.

"Porque era sábado e começo da noite no Roxy's, 'o lugar devia estar cheio', diz o garçom Johnny Pot Roast, que afirma ter trabalhado naquela noite. 'E é possível que eu estivesse cantando "Grease Lightning", porque é uma música cheia de energia e é disso que a gente precisa numa noite de sábado.'" Uma breve entrevista com Johnny Pot Roast aparece nas anotações de John e essa citação é uma paráfrase irregular do que ele disse. Então é aceitável.

"...enquanto os clientes levam garfos cheios de batata até a boca..."
Contestável: O lugar é do tipo que vende hambúrgueres com fritas, e não carne com batata. Essa é uma descrição incorreta da comida feita pelo restaurante.

até a boca e Johnny dá um salto para cair de joelhos, mantendo os olhos fechados enquanto estende o *ing* na longa e aguda nota final de *"lightning"*. Levi passou pelas 48 mesas de cartas e pelos 1.200 caça-níqueis do cassino, alguns deles com nomes de programas populares da televisão americana – Jeannie É um Gênio, Roda da Fortuna e Guerra, Sombra e Água Fresca – e alguns com nomes de produtos americanos populares – Spam, Harley-Davidson, o jogo de tabuleiro Battleship – e alguns com nomes genéricos – Tente a sorte, O jogo da moeda, Aperte Aperte Aperte –

"Levi passou pelas 48 mesas de cartas e pelos 1.200 caça-níqueis do cassino..." O *site* do Stratosphere afirma que o hotel "ostenta um cassino com mais de 7 mil metros quadrados, mais de 50 mesas de jogos e mais de 1.500 caça-níqueis e máquinas de videopôquer". E um comunicado de imprensa de 2001 diz que existem "1.600 caça-níqueis junto de uma infinidade de outros jogos". A partir de outubro de 2006, quando visitei o cassino, havia 5 mesas para apostar em roletas, 4 mesas para jogo de dados e 40 mesas para jogos de cartas no andar principal. Nesse caso, a estimativa de John e a declaração do hotel estão incorretas, a não ser que existam mesas de jogos escondidas nos fundos do cassino ou algo assim. Mas, como é o Stratosphere, acho difícil...

"...alguns deles com nomes de programas populares da televisão americana – Jeannie É um Gênio, Roda da Fortuna e Guerra, Sombra e Água Fresca – e alguns com nomes de produtos americanos populares – Spam, Harley-Davidson, o jogo de tabuleiro Battleship – e alguns com nomes genéricos – Tente a sorte, O jogo da moeda, Aperte Aperte Aperte..." Não vi nenhum desses caça-níqueis quando visitei o cassino, mas vou dar um desconto nessa história dos caça-níqueis porque acho que se trata de uma situação em que o esforço de apurar a informação correta é muito maior do que a necessidade de confirmar um fato que, com certeza, John não se daria o trabalho de corrigir. No entanto, é importante notar que *Tente a Sorte* foi um programa de televisão exibido de 1983 a 1986, e que não se trata de um "nome genérico". Na verdade, ele se tornou uma espécie de clássico *cult*. Eu sempre assistia quando era criança e tenho boas lembranças do programa. A frase deveria ser corrigida para indicar a conexão do caça-níqueis com o programa de TV e reconhecer que o nome não é "genérico". Porém, duvido que John faça qualquer correção a essa altura. John, você já experimentou assistir à TV ou isso estragaria sua sensibilidade artística?

John: Você não entendeu o ensaio, Jim.
Jim: Quem é vivo sempre aparece!
John: Na verdade, não importa que tenha havido um programa de televisão com vida curta que poderia ou não ter servido de referência para o nome de um caça-níqueis. (A propósito, a expressão "tente a sorte" existe no nosso idioma e é muito anterior aos anos 80, então não sei se o seu programa favorito de TV foi mesmo a fonte para o nome da máquina.) De qualquer forma, a questão aqui é outra e quero deixar registrado que existem centenas de detalhes que poderiam ser relatados de maneira correta ou incorreta sobre o espaço percorrido por Levi nos seus últimos minutos de vida. Mas isso tudo é extremamente insignificante quando você leva em consideração o que está para acontecer.

Jim: Concordo que esses fatos são insignificantes, John, mas você não acha que a gravidade da situação exige um rigor que você está dispensando como se fosse algo sem importância? A questão aqui não é só o nome do caça-níqueis. Mesmo que não exista um significado inerente a esses detalhes, você está chamando atenção para eles e isso tem significado. Você usou o mesmo argumento antes, quando me encheu o saco sobre a história do *tae kwon do*. Você é responsável por um relato que, na prática, vai contar o que aconteceu com Levi e, por isso, cada vez que você escolhe destacar alguma coisa, essa coisa ganha significado; porque é provável que seu relato seja o único que as pessoas vão ler sobre esse episódio. E isso explica por que esse negócio é sério para mim, porque o registro que você está criando agora, por mais que seja limitado, será encarado como uma referência importante pelo simples fato de que não existe nenhuma outra narrativa a ser lida ou escrita sobre esse garoto. Você disse que o seu objetivo é fazer arte, e *ars longa, vita brevis*, certo? Por que não lidar com as dificuldades e se dar o trabalho de fazer a coisa certa?

    John: Não estou dizendo que essa avalanche de informações não faz sentido, Jim, e sim que a coisa mais importante aqui é destacar a *busca* por um sentido. E uma parte fundamental da minha busca por sentido é a tentativa de reconstruir detalhes de um jeito que eles ganhem significado, ainda que esse significado não seja o mais óbvio referente ao evento descrito. E sei bem que, ao dizer algo assim, vou deixar um monte de gente desconfortável, mas acredito que esse é o trabalho do artista. Estou à procura de uma verdade aqui, mas ela não tem a ver, necessariamente, com veracidade. Acho que é muito complicado continuar fingindo que os escritores de não ficção têm uma relação com "A Verdade" que é misteriosamente diferente da relação que qualquer outro tipo de escritor tem. Porque nós não temos. O que nós temos, como qualquer outro artista, é uma preocupação com significado e, assim, como faria qualquer outro artista, nós organizamos as coisas, alteramos detalhes e influenciamos interpretações à medida que exploramos ideias. Sei que muitos escritores linhas-duras de não ficção vão discordar de mim, mas tudo bem. Sei que faço parte de uma minoria. Mas suspeito que esses escritores são os que ainda acreditam em gênero, que ainda têm fé na ideia de que são escritores "de não ficção" porque eles dizem que são, ou que seus textos são "de não ficção" porque eles dizem que são. Que sejam abençoados por terem esse tipo de fé, de verdade, porque alguém precisa continuar com o trabalho difícil de ir atrás dos fatos do mundo, de construir o tipo de histórias que você mencionou antes. Mas, na minha opinião, isso não significa que eles vão encontrar esses fatos, assim como não acho que minha mãe vai encontrar o Deus que ela passou a vida inteira procurando. Mas também não significa, na minha opinião, que o esforço dela é inútil. Só não é algo que eu faria. Respeito aqueles que defendem a ideia de "não ficção" e desejo, de verdade, que sejam felizes nessa busca. Mas, por favor, nos meus ensaios, não me obrigue a seguir padrões que não escolhi, dos quais discordo completamente e os quais acredito que deturpam o verdadeiro propósito do gênero. Um ensaio é uma tentativa, Jim. Nada mais. E é isso que ele tem sido, fundamentalmente, ao longo de séculos. "Ensaio" quer dizer "uma tentativa" até mesmo na etimologia da palavra. Como um escritor de ensaios, tenho a dizer que eu tento – eu *tento* – compreender alguma coisa antes que o caos tome conta de tudo. Essa é minha responsabilidade como escritor; é o parâmetro pelo qual quero ser julgado. Outros podem desejar um julgamento baseado no quanto se esforçaram para apurar os fatos, mas, particularmente, não acho que isso seja um trabalho interessante. E também não acho que isso resultaria em uma arte relevante.

Jim: Não sei... Entendo seu ponto de vista, de verdade, mas minha reação ao que você disse é visceral. Pode parecer que ignoro os últimos cem anos de experimentalismo na arte, mas ainda me sinto desconfortável com as ramificações do seu argumento. Concordo com você quando diz que o objetivo principal de um ensaio de "não ficção" não é buscar um relato objetivo de um acontecimento, ou que um escritor não é eticamente obrigado a proteger os fatos ligados a um evento na memória cultural. E sou a favor do lance pós-moderno de metaficção historiográfica, que se apropria de eventos e personagens. Mas ainda parece estranho fazer isso com alguém como Levi, que afinal de contas era só um adolescente, um menino de Las Vegas – e não uma referência cultural ou um ícone cuja vida está disponível para ser radicalmente manipulada e reinterpretada. Não é como se você estivesse revirando o túmulo dele por difundir informações imprecisas, mas parece que você está sendo meio desonesto ao falar sobre onde fica o túmulo.

John: Qual é a importância de saber onde fica o túmulo dele? Juro por Deus que essa é a última coisa que poderia me interessar nesse ensaio. E, com certeza, não é onde estou tentando situar o ensaio. Não se trata de um perfil sobre um garoto suicida e sobre os demônios internos que o levaram à morte. Esse ensaio é sobre uma ideia, e Levi representa essa ideia. Agora, é grosseiro chamar um garoto morto, que não cheguei a conhecer, de "uma ideia"? Provavelmente. Mas seria melhor usar a palavra "tema"? "Personagem"? A vida dele vai ser "usada" – ou "revirada", como você disse – no instante em que escreverem sobre ele. Talvez a coisa mais ética que eu poderia ter feito fosse inventar uma vítima de suicídio para que eu pudesse usá-la como bem entendesse. Mas desconfio que mesmo assim estaríamos tendo essa discussão. Entendo suas preocupações, Jim – entendo de verdade. Não sei se é certo usar um ensaio dessa forma. Mas penso que, se não podemos usar a imaginação para isso, então não sei para que ela serve. Existe alguma forma de escrita que não seja movida pela imaginação? A gente teria vontade de ler uma obra literária sem imaginação?

Jim: Ótimo. Agora, se eu criticar o que você está fazendo, sou contra a imaginação? Obviamente, não é isso que quero dizer, John. Não estou dizendo que você precisa ter – nem fingir que tem – uma relação sagrada com "A Verdade" nos seus textos, mas parece haver uma linha que você deveria cuidar para não cruzar em uma obra que considera "de não ficção". E não, não acho que seja grosseiro considerar Levi uma ideia, ou um tema, ou um personagem, porque todas essas coisas descrevem como ele está sendo usado nesse ensaio. Só estou dizendo que parece estranho você chamar sua narrativa de "não ficção" enquanto você está manipulando fatos de propósito. Sei que você, quando afirma que seu texto é uma "não ficção", não quer dizer, necessariamente, que ele "não é ficcional"; mas pelo menos você consegue ver por que outros podem ter uma impressão diferente por não saber onde estão se metendo? Minha suspeita é de que, ao chamar de "não ficção" um texto com informações imprecisas, você coloca em questão toda a ideia que o termo representa. Mas, quando uma pessoa que não sabe o que você pensa sobre esse tema pega para ler um texto com o rótulo de não ficção, você percebe como ela pode achar que a intenção por trás do material é completamente outra? Ao usar esse rótulo, você estabelece um contrato social no qual admite que, ao chamar seu trabalho de não ficção – mesmo sendo do tipo que embeleza certos detalhes "maleáveis", ou que usa a imaginação para descrever a "sensação" de algumas coisas ou para dizer como as coisas "parecem ser" –, você não vai chegar ao ponto de dizer coisas que são flagrantemente falsas.

John: Certo. Em primeiro lugar: não estou chamando esse texto de "não ficção" e não tenho a tendência de chamar nada que escrevo de "não ficção", porque não acho que esse termo seja útil para descrever as coisas que valorizo na literatura. A única razão para esse texto ter sido rotulado como "não ficção" é o fato de essa ser uma das duas categorias binárias da prosa que são aceitas pelos editores. Em segundo lugar, Jim, por favor, tenha em mente que estamos falando do nome de um caça-níqueis aqui.

Jim: Não estamos falando sobre um caça-níqueis, John, e você sabe disso. Seu ensaio examina o modo de vida de várias pessoas, questionando a postura moral de uma comunidade inteira e mexendo com uma série de fatos fáceis de verificar que, em nome de um argumento, foram obviamente manipulados.

John: O problema dessa discussão é o fato de você achar que existe uma conexão clara entre "a postura moral de uma comunidade" e "fatos fáceis de verificar". Há limites para o que números e estatísticas são capazes de fazer ao explicar alguém ou as características de uma comunidade. Em algum momento, nós, escritores, devemos nos colocar no lugar de uma pessoa ou de uma comunidade na tentativa de representá-los. Com certeza, esse procedimento é agressivo, mas penso que, se eu não estiver disposto a fazer isso como escritor (e embarcar nessa experiência como leitor), não estarei fazendo meu trabalho direito.

Jim: Não estou dizendo que o ato de escrever tem que ser algo científico, ou que existem regras sobre o que "pode" ou "não pode" ser feito, ou que há uma fórmula a ser seguida. No entanto, o que estou dizendo é que existe "a verdade" e existem "verdades" pontuais, e existem "fatos maleáveis", e existem "fatos sólidos", e não entendo por que você parece interessado em fingir que eles são todos a mesma coisa, que são todos igualmente arbitrários, porque eles não são. Meu argumento é menos artístico e mais sociopolítico e psicológico. Tenho a impressão de que é importante para uma pessoa saber se o que ela está lendo é resultado de alguém tentando "continuar com o trabalho difícil de ir atrás dos fatos do mundo", como você disse, ou se ela está lendo algo que ignora, descarta ou manipula os fatos em nome de propósitos artísticos. As pessoas podem achar que você está brincando com elas se descobrirem que foram ludibriadas de alguma forma. A razão de ser das polêmicas que surgiram nos últimos dez anos toda vez que alguém descobre que um livro de memórias "tomou certas liberdades" não tem nada a ver com o fato de o público leitor não entender que os escritores, às vezes, "usam a imaginação". Tem a ver com as pessoas buscarem algum tipo de verdade que diga algo sobre quem são e sobre seu lugar no mundo, encontrarem uma verdade que revela algo profundo para elas e ficarem arrasadas quando descobrem que a coisa que tinha servido de inspiração era uma mentira deliberada – não uma reinterpretação ou uma liberdade poética, mas algo que foi explicitamente falsificado para parecer mais importante do que na verdade é. E assim as pessoas acabam por se sentir sozinhas no mundo outra vez.

John: É isso que estou fazendo nesse ensaio, Jim? Estou "tomando certas liberdades" para que ele "pareça mais importante do que é"?

Jim: Não estou dizendo que é isso que você está fazendo nesse ensaio, mas a abordagem anárquica à "verdade" que você parece estar defendendo, com certeza, não ajuda muito.

John: Desde quando um pouco de anarquia intelectual é algo ruim? Desde quando deixamos regras ditarem o que é válido na arte? Nós não permitimos que o artista tenha liberdades que não são aceitas no discurso do dia a dia? Não é esse um dos motivos pelos quais a gente recorre à arte? Não temos a expectativa de que o artista teste limites, desafie regras e quebre tabus? A arte tem privilégios na nossa cultura porque acreditamos que ela desempenha um papel especial. Ela existe para nos desafiar. Nenhuma regra se aplica à arte, elas não são necessárias – mesmo quando a arte causa "polêmicas". Na verdade, eu diria que uma das funções da arte é causar polêmicas.

Jim: O punk dentro de mim concorda com você: artística e filosoficamente, quando falamos sobre o status da "verdade" na linguagem e na arte, num nível básico, acho que mais ou menos concordo com o que você está dizendo. Como dois caras extremamente bem-informados, tenho certeza de que eu e você sabemos que Nietzsche considera a verdade "um exército móvel de metáforas, metonímias e antropomorfismos", que tanto Deus quanto o Autor estão mortos, que cada um tem suas próprias verdades e define suas próprias realidades, que o Homem se dedica a controlar qualquer ponto de vista que não seja institucional... A gente se parabeniza por ser subversivo e *avant-garde*, mas, quando você ganha distância para ver o que está dizendo de verdade, não se trata de algo extremamente acadêmico e inacessível? Tiro o chapéu para aqueles que buscam a verdade, a verdade artística, ou qualquer outro tipo de verdade que você queira usar a seu favor nessa discussão, mas quando você manipula os fatos em nome de interesses artísticos, você está criando algo que nunca existiu – não a verdade sobre Las Vegas ou a verdade sobre Levi Presley, mas a verdade sobre "a Las Vegas de John D'Agata" e sobre "o Levi Presley de John D'Agata". O que faz sentido do ponto de vista artístico, com certeza, mas você não percebe como existe algo fundamentalmente errado com a ideia de vender "a Las Vegas de John D'Agata" como um relato factual da "verdadeira Las Vegas", sem dar ao leitor ao menos um aceno ou uma piscadinha?

John: Passei minha carreira inteira dando acenos e piscadinhas para os leitores, Jim. Editei antologias, escrevi ensaios, dei palestras, ministrei cursos... sempre sobre essa questão. Em algum momento, o leitor tem que parar de pedir para ser carregado como se fosse uma criança, começar a caminhar pelas próprias pernas e aprender a lidar com arte que diz o que ele não quer ouvir – e a fazer isso sem ter um chilique e sem tentar apagar essa arte do mapa.

Jim: Ótimo, mais um escritor que menospreza os leitores.

John: Não menosprezo os leitores, Jim, mas por que recorrer à arte se precisamos "saber onde estamos nos metendo"? Se vamos exigir da literatura a garantia de que não seremos "ludibriados" ou "iludidos"? Você está falando de arte de quinta categoria. Você está falando sobre o tipo de consumidor de arte que se sentiu traído porque descobriu que James Frey tinha inventado alguns detalhes em seu livro de memórias e escreveu para Oprah Winfrey exigindo que ela o castigasse em público. São as mesmas pessoas que tornaram o livro um *best-seller* e que pareceram incapazes de reconhecer que a experiência proporcionada pelo livro – uma experiência que tinha sido celebrada por eles, Oprah e dezenas de resenhistas – era, na verdade, a única responsabilidade de Frey: *proporcionar a eles uma boa experiência*. Veja, pode ser que alguém não entenda como é que aquele livro foi capaz de afetar tanta gente porque ele não é particularmente bom (mesmo com as liberdades que tomou), mas isso não importa. As pessoas gostaram do livro. As pessoas encontraram alguma coisa nele que pareceu transcendente. Esse é o propósito da arte.

Jim: Mas, claramente, essas pessoas queriam mais do que apenas "uma boa experiência", senão por que elas teriam ficado tão perturbadas de descobrir a artimanha? Isso tem a ver com meu argumento de antes...

John: Porque, no que diz respeito à arte, nós somos adolescentes. Nós marginalizamos a arte quase por completo em nossas escolas públicas, em nossas casas, em nossa cultura de maneira geral. É claro que vamos bater o pé e abrir o berreiro quando formos pegos de surpresa depois de nos abrirmos emocionalmente para uma coisa e depois descobrirmos que essa coisa não é o que parece. É claro que vai parecer uma traição, porque não temos muitas experiências profundas com arte para saber que é para isso que serve a arte: para nos revelar, para nos ferir, para desestabilizar a compreensão que temos de nós mesmos e do nosso mundo de modo que seja possível fazer descobertas outra vez, com olhos de primeira vez, e com a possibilidade de perceber alguma coisa que não tínhamos percebido antes. A arte deve ser capaz de mudar a gente, de desafiar a gente e, sim, de enganar a gente. A reação violenta dos leitores de Frey teve a ver com a sensação de viver uma experiência genuína com arte. E eles perderam a cabeça. E eles decidiram expor e ridicularizar um cara por ter sido o responsável por essa experiência para a qual esse público não estava preparado. Mas de quem foi a culpa?

Jim: A culpa é dos leitores? Você está dizendo que os leitores foram ignorantes?

John: Estou dizendo que os leitores foram ignorantes em vários níveis diferentes.

Jim: Muito bem, vamos analisar essa situação de outro ângulo. Quando alguém assiste ao noticiário, ou lê o jornal, ou ouve o rádio em busca de "fatos" sobre o mundo, é estranho que fique perturbado por receber *infotenimento*, ou algo que foi alterado ou inventado por razões nefastas que têm a ver com política e economia?

John: Não, esse é um bom motivo para ficar incomodado.

Jim: E você não se sente traído quando as pessoas no poder dizem coisas que obviamente não são verdade em nome de interesses pessoais?

John: Claro.

Jim: Agora, muito embora esteja claro que não existem fontes que sejam totalmente confiáveis, você concorda que as pessoas deveriam, no mínimo, poder confiar nas intenções da fonte?

John: Sim. Mas eu não sou político, Jim. Nem repórter. E também não sou o namorado do leitor, ou papai, ou terapeuta, ou padre, ou instrutor de ioga, não sou ninguém com quem ele deveria buscar uma relação de confiança. Existem áreas de nossa cultura em que esperamos honestidade e intenções confiáveis, mas isso não significa que seja adequado esperar essas coisas de todas as experiências que temos no mundo.

Jim: Mas ainda que a não ficção, desde sua origem, tenha se baseado "na força dos argumentos e não no rigor das evidências" – acredite ou não, li os ensaios que você escreveu a respeito do assunto –, isso não muda o fato de que as pessoas vão ficar incomodadas quando alguém consegue convencê-las com um argumento poderoso, mas depois revela ter feito isso usando evidências fraudulentas.

John: A questão que estamos arrodeando aqui é a ideia de uma responsabilidade moral ligada à não ficção. E é por isso que conversas como essa sempre me incomodam – é como andar em círculos – porque, assim que começamos a julgar uma forma de arte por seus "valores morais", a conversa deixa de ser sobre arte. Só por ter essa conversa e levantar essas questões, a gente falha em reconhecer que não ficção é literatura. E isso é frustrante porque a gente jamais teria essa conversa se ela fosse sobre ficção, ou poesia, ou teatro. Esses são gêneros literários que a gente reconhece, sem dúvida nenhuma, como *literários*. Como artísticos. Mas, na nossa cultura, a não ficção se esforça há décadas para ser encarada como arte.

Jim: Bom, é que esses gêneros literários não alegam, explicitamente, que respeitam os fatos. John, certas ou erradas, as pessoas vão ter expectativas diferentes com uma coisa que é chamada de "não ficção". Existe uma diferença perceptível nas intenções por trás da ficção e da não ficção, e espera-se que a não ficção tenha os pés fincados na realidade. Não é assim que se define "não ficção"?

John: Por que você é obcecado por esse termo? Eu não uso esse termo para descrever o ensaio, é você que usa.

Jim: Porque, quer você queira ou não, é o termo que o mundo usa para falar do gênero em que você está trabalhando. Talvez seja culpa da língua – nos faltam palavras para descrever a neve ou as várias experiências literárias –, mas sua definição de "ensaio" é bem idiossincrática, e diferente daquela reconhecida pelo público em geral. Não estou dizendo que isso é uma coisa boa nem que é uma coisa ruim, mas tem coisa aí.

John: É mais um motivo para termos uma educação melhor. O fato é que o termo "não ficção" foi amplamente usado pela primeira vez em círculos literários há apenas 50 ou 60 anos. Ele surgiu para descrever o trabalho que estava sendo feito no "novo jornalismo", nos anos 1960 e 1970. Então é um termo bem novo. Sem mencionar que, na época, nem tudo o que estava sendo escrito no gênero era jornalismo. É óbvio que havia livros de memórias, biografias, textos sobre a natureza, relatos de viagem etc. Além de ser muito novo, "não ficção" é um termo inadequado desde o princípio. E, entretanto, o termo "ensaio" está à nossa disposição há mais de quinhentos anos. E, de modo conveniente, o termo "ensaio" não é uma negação de gênero – como é o caso de "não ficção" – e sim uma ação, "uma tentativa, uma prova, um experimento". E assim, de repente, debaixo desse termo, é possível sentir o gênero se abrindo para dar conta da própria curiosidade, tentando rastrear a atividade da mente de um escritor à medida que negocia com memórias, observações, anedotas, história, ciência, mito, experiência... Em outras palavras, um ensaio não é um veículo para fatos, nem para informações, nem para experiências verificáveis. Um ensaio *é* uma experiência, e uma experiência muito humana, diga-se de passagem. É uma tentativa de encontrar sentido – emocional, intelectual, político, científico ou qualquer outro que motive o escritor do texto. E, se olharmos para a história do ensaio, vamos encontrar escritoras como Natalia Ginzburg, Mary McCarthy, Christine de Pisan e Sei Shōnagon; e escritores como George Orwell, Henry Thoreau, Charles Lamb, Thomas De Quincey, Daniel Defoe, Santo Agostinho, Plutarco, Sêneca, Cícero, Heródoto e dezenas de outros mestres dessa forma que, com frequência, alteravam fatos de modo a obter uma compreensão mais profunda sobre aquilo que estavam escrevendo. Agora, isso é moralmente aceitável? Bom, em algumas culturas, parece que era aceitável, sim. Mas há casos de escritores que manipularam fatos sem chamar nenhuma atenção para isso. Os ensaios legados por esses escritores – verdadeiros alicerces do gênero – são dignos de reconhecimento? Espero que sim. Porque a veracidade das meditações de Heródoto sobre o mundo não deve influenciar o impacto que elas têm sobre nós. Ele quer nosso deslumbramento e não nossa aprovação pelo rigor de seus fatos. O que estou tentando dizer é que, se tivéssemos uma descrição do gênero capaz de defini-lo de acordo com sua atividade inerente – a investigação curiosa e não o cumprimento de uma exigência arbitrária de veracidade –, acho que as chances de fazermos julgamentos morais sobre as escolhas dos escritores seriam menores e, em vez disso, começaríamos a apreciar essas escolhas como esforços feitos em nome da literatura.

Jim: Não vamos chegar a lugar nenhum. Acho que não estamos nos entendendo. Não estou dizendo que esse tipo de ensaio não tem valor artístico. E também não estou dizendo que são exemplos ruins de literatura por não serem estritamente factuais. E nunca disse que eles eram moralmente condenáveis por causa disso. Meu argumento é que, do ponto de vista de um checador de fatos, e considerando apenas o que pode ser verificado nos textos, eles não são bons exemplos de coisas tidas como "não ficcionais".

John: Certo. E obrigado. Porque acho que eles não gostariam de ser considerados "bons exemplos de coisas tidas como 'não ficcionais'". Também não quero meus textos julgados dessa forma.

Jim: Mas também estou argumentando que, se eles fossem apresentados para mim como textos "não ficcionais", eu me sentiria enganado.

John: É justo.

Jim: É justo?

John: Você se sentiria enganado. Claro.

Jim: Então é isso?

John: Jim, você se sentiu enganado pelo meu ensaio. Eu entendo. Para você, o que fiz é inapropriado. Enquanto eu penso que fazer o que fiz é uma parte necessária do meu trabalho; que, na verdade, ao tomar liberdades, estou criando uma obra de arte melhor – e assim uma experiência melhor e mais verdadeira para o leitor – do que criaria se estivesse preso aos fatos. Então tudo bem. Nós discordamos. Por mim, OK. O que mais posso dizer?

e Levi caminhou na direção da mulher na base da escada rolante que vende cigarros, charutos e colares que funcionam com pilha em uma bandeja pequena abaixo dos seios dependurada em seus ombros. Estão à venda um colar com uma estrela azul, um colar com uma esfera vermelha e um colar com uma cruz amarela, cada um deles fica aceso o tempo todo ou pisca aleatoriamente, ou ainda pode ser programado "para refletir seu estado de espírito!".

"...e Levi caminhou na direção da mulher na base da escada rolante que vende cigarros, charutos e colares que funcionam com pilha em uma bandeja pequena abaixo dos seios dependurada em seus ombros. Estão à venda um colar com uma estrela azul, um colar com uma esfera vermelha e um colar com uma cruz amarela, cada um deles fica aceso o tempo todo ou pisca aleatoriamente, ou ainda pode ser programado 'para refletir seu estado de espírito!'" Isso aparece nas anotações de John. Embora, tecnicamente, ele tenha escrito que havia "um colar com uma cruz vermelha" e "um colar com uma esfera amarela", então parece que ele misturou as coisas um pouquinho. E tenho dificuldade de acreditar que um colar de brinquedo possa ser programado de maneira tão sofisticada como a descrita por John. E também não consegui encontrar nenhuma mulher vendendo essas coisas quando visitei o lugar.

Amy, que estava trabalhando naquela noite, sabe que Levi não comprou nada porque ela teria se lembrado de um garoto comprando um colar, disse ela. "Normalmente, os caras compram esse tipo de coisa para usar em festas e sempre pergunto aonde eles vão porque eu também curto festas." Ele subiu a escada rolante. Levi teria entrado na fila da bilheteria para comprar um ingresso que permite subir até o topo da torre do hotel. Porque era sábado e início da noite, no entanto, a fila deveria estar longa na bilheteria. Levi teria esperado em meio a pochetes, panças, potes abertos e chinelos de dedo, e teria percebido os anúncios luminosos atrás da bilheteria falando do concerto de Billy Ray Cyrus em setembro, ou do Combate Imperdível de Pesos-Pesados do Boxe em novembro,

"Ele subiu a escada rolante. Levi teria entrado na fila da bilheteria para comprar um ingresso que permite subir até o topo da torre do hotel. Porque era sábado e início da noite, no entanto, a fila deveria estar longa na bilheteria. Levi teria esperado em meio a pochetes, panças, potes abertos e chinelos de dedo..." Mesmo no horário da minha visita, por volta das onze horas da manhã de um sábado, consegui ver um monte de chinelos de dedo, panças e, sim, até potes abertos. Então está confirmado. As pessoas em Las Vegas não perdem tempo.

"...e teria percebido os anúncios luminosos atrás da bilheteria..." Como citado antes, existem várias entradas no Stratosphere. Existe a "Escada Rolante Principal" (escada rolante n.º 1) e a "Escada Rolante Secundária", que leva até o Topo do Mundo Restaurante & Lounge & Shopping

Torre das Lojas (escada rolante n.º 2). Se você usa a entrada que, segundo John, Levi teria usado, ela dá acesso a uma bilheteria sem anúncios na parte de trás, embora haja alguns anúncios luminosos na parede adjacente à bilheteria. A área que mais chama atenção pelos anúncios luminosos fica atrás da bilheteria perto da escada rolante n.º 1, que não é, segundo John, a que foi usada por Levi. Mas, se Levi pegou a escada rolante n.º 1, ele não teria passado por todas as mesas de carteado; porém, se ele usou a escada rolante n.º 2, ele não teria passado por todos os estabelecimentos do Shopping Torre das Lojas, que John descreve mais tarde. Parece que o caminho descrito por John não é possível de ser feito, a não ser que Levi tivesse vindo pelo estacionamento e caminhado até a escada rolante n.º 2 (e passado por todas as mesas de carteado) para depois decidir pegar a escada rolante n.º 1, passando pela bilheteria com os anúncios luminosos e os estabelecimentos do Shopping Torre das Lojas. Porém, isso parece improvável. John deve ter combinado os dois trajetos em um só de modo que Levi pudesse passar por todos esses lugares e, assim, criar um cenário mais complexo.

"...falando do concerto de Billy Ray Cyrus em setembro..." Houve um concerto de Billy Ray Cyrus no dia 6 de setembro daquele ano, segundo o calendário de eventos do Stratosphere.

"...ou do Combate Imperdível de Pesos-Pesados do Boxe em novembro..." Um *site* de Las Vegas que fala sobre boxe sugere a existência de um evento que parece ser esse que John está citando, ocorrido em setembro daquele ano e não em novembro. E ele se chamou "Combate Imperdível de Pesos-Pesados" porque acho que "do Boxe" ficou implícito na imagem do pôster com dois homens grandes e untados, usando luvas de boxe e fazendo careta um para o outro.

ou do Novo Programa Cofrinho de Reembolso Garantido, que paga 15% do valor perdido nas máquinas, e teria comprado o ingresso em um dos três caixas da bilheteria por 4 dólares e não por 6, porque ele era um residente de Las Vegas, e por fim teria andado na direção do elevador da torre no outro extremo da Torre de Lojas, o shopping do Stratosphere. Passando pela Bandeiramania. Pela Alpaca do Pete. Pela Fabulosa Loja de Mágicas de Las Vegas, pela Muralha de Ímãs, pelo Padrinho de Ouro, um quiosque que vende correntes de ouro por metro. Levi passou pela Aqua Massage. Pela Häagen-Dazs. Pelas Tatuagens Temporárias de Hena com Aerógrafo. Pela Perfumania, pela Terra do Couro, pelos Mais Presentes, pela Arcada. Por BREVE AQUI MAIS UMA LOJA EMOCIONANTE.

"...ou do Novo Programa Cofrinho de Reembolso Garantido, que paga 15% do valor perdido nas máquinas..." Confirmado por *"Las Vegas Slot Club Refund Program"* [Programa de reembolso do clube cofrinho de Las Vegas], de Steve Bourie, *Gambling Times*, outubro–novembro de 2002. Mas o programa tem um escopo extremamente limitado: "O programa só se aplica a membros novos do "clube cofrinho", vale apenas para visitantes de Las Vegas (residentes de Las Vegas, Norte de Las Vegas, Henderson e Boulder City não são elegíveis), e você só pode usar [o reembolso] uma vez. Para ser elegível, você precisa se inscrever como membro do novo Clube de Jogadores do Stratosphere e usar seu cartão do clube cofrinho toda vez que jogar em um caça-níqueis ou em uma máquina de videopôquer. O cassino reembolsa 15% do valor total gasto nas máquinas, que aceitam desde centavos em moedas até notas de 100 dólares, durante os primeiros 30 minutos de jogo. Talvez seja melhor mudar a frase "que paga 15% do valor perdido" pela frase "que, em algumas circunstâncias, paga 15% do valor perdido".

"...e teria comprado o ingresso em um dos três caixas da bilheteria por 4 dólares e não por 6, porque ele era um residente de Las Vegas..." Contestável: Uma nota de imprensa emitida pelo hotel naquele ano afirma que "o ingresso para a torre custa 6 dólares para adultos e 4 dólares para residentes de Nevada", então seria incorreto dizer que o desconto existe apenas para residentes de Las Vegas. Ele se aplica a qualquer pessoa que viva no estado.

"...e por fim teria andado na direção do elevador da torre no outro extremo da Torre de Lojas, o shopping do Stratosphere. Passando pela Bandeiramania. Pela Alpaca do Pete." Para início de conversa, a sequência de lojas está errada. Em segundo lugar, algumas delas sequer existem. Bandeiramania e Alpaca do Pete estão confirmadas.

"Pela Fabulosa Loja de Mágicas de Las Vegas, pela Muralha de Ímãs, pela Padrinho de Ouro, um quiosque que vende correntes de ouro por metro. Levi passou pela Aqua Massage. Pela Häagen-Dazs." No catálogo do shopping, aparece como "A Loja de Mágicas de Las Vegas", embora a placa da loja diga "A Fabulosa Loja de Mágicas de Las Vegas". Então acho que a discrepância é aceitável. No entanto, não encontrei nenhuma Muralha de Ímãs. O quiosque do Padrinho de Ouro vende "correntes de ouro por centímetro" – porém, tecnicamente, se você vende algo por centímetro, acho que acaba vendendo também por metro. Häagen-Dazs está confirmado.

"Pelas Tatuagens Temporárias de Hena com Aerógrafo." Pelo que sei, não é possível usar aerógrafo com hena, embora as pessoas que fazem tatuagens temporárias de hena tendem a fazer também tatuagens temporárias com aerógrafo. Talvez essa afirmação esteja OK. A essa altura, não sei mais nada.

"Pela Perfumania..." Confirmada.

"...pela Terra do Couro..." O catálogo do shopping se refere à loja como Courolândia. Porém, aqui de novo, a placa da loja diz "Terra do Couro".

"...pelos Mais Presentes..." Positivo.

"...pela Arcada." OK.

"Por Breve aqui mais uma loja emocionante." Suponho que, na época da minha visita ao shopping, essa loja emocionante já tinha sido inaugurada.

Pelo quiosque de bonés bordados Borda na Hora. Pelo Sopro de Liquidação das Velas Vegas! Pela Wetzel's Pretzels, pela Joalheria da Cleo e pelo Empório Cassino do CJ, que vende caça-níqueis "clássicos de 1991" por 4.995 dólares. Levi passou pelo Respire, um bar de oxigênio, onde você pode "reanimar o corpo, renovar o espírito, relaxar a mente e se sentir mais vivo" por 15 dólares a dose de 15 minutos, e como cortesia você pode escolher um dos 18 aromas de oxigênio, entre eles: nirvana, melancia, clareza, pêssego, sublime, cappuccino, sinergia, sonho, chocolate, eclipse, reavivar e tangerina. As garotas do Respire não se lembram de Levi passar pelo bar naquela noite,

"**Pelo quiosque de bonés bordados Borda na Hora.**" Não é um quiosque, é uma loja.

"**Pelo Sopro de liquidação das Velas Vegas! Pela Wetzel's Pretzels, pela Joalheria da Cleo e pelo Empório Cassino do CJ, que vende caça-níqueis 'clássicos de 1991' por 4.995 dólares.**" A loja citada como "Velas Vegas", na verdade, se chama "Luzes de Vegas". Não consegui encontrar em parte alguma o Empório Cassino do CJ. Além disso, as anotações de John indicam que o caça-níqueis que ele viu para vender custava 4.895; e não 4.995 dólares. A Wetzel's Pretzels e a Joalheria da Cleo estão confirmadas.

"**Levi passou pelo Respire, um bar de oxigênio, onde você pode 'reanimar o corpo, renovar o espírito, relaxar a mente e se sentir mais vivo' por 15 dólares a dose de 15 minutos...**" De acordo com as anotações de John, uma dose de 15 minutos de oxigênio no Respire custa 16 dólares, e não 15.

"...e como cortesia você pode escolher um dos 18 aromas de oxigênio, entre eles: nirvana, melancia, clareza, pêssego, sublime, cappuccino, sinergia, sonho, chocolate, eclipse, reavivar e tangerina." Nas anotações, John lista muito mais do que 18 aromas. Alguns dos outros são: baunilha, toque de abóbora, coco, morango, cravo, capim-limão, pera, melão e jasmim. Não consigo acreditar que as pessoas gastem dinheiro nessas porcarias.

"As garotas do Respire não se lembram de Levi passar pelo bar naquela noite, mas se lembram de ter ouvido falar da queda assim que ela ocorreu. 'Só quero dizer', disse Jenny, que administra o bar, 'que é terrível quando acontece uma coisa dessas, mas tenho certeza de que ele não tinha usado oxigênio quando isso aconteceu.'" O nome de Jenny não aparece nas anotações de John. Mas aparece a declaração que ela deu, de que Levi "não tinha usado oxigênio". É uma coisa ridícula de se dizer.

mas se lembram de ter ouvido falar da queda assim que ela ocorreu. "Só quero dizer", disse Jenny, que administra o bar, "que é terrível quando acontece uma coisa dessas, mas tenho certeza de que ele não tinha usado oxigênio quando isso aconteceu". Levi terminou de percorrer o shopping e desceu uma rampa para entrar na fila. Porque era sábado e início da noite, no entanto, deveria haver uma fila enorme ao longo de um cercado de corda que dava quatro ou cinco voltas e terminava entrando no shopping. Por fim, o segurança Harold teria perguntado a Levi se ele tinha alguma coisa de metal nos bolsos e, porque ele tinha, Levi teria colocado as chaves do carro em um balde branco do Stratosphere usado para carregar moedas dos caça-níqueis, atravessado o detector de metais, pegado as chaves e cruzado um saguão estreito para esperar pelo elevador da torre. Porque era sábado e início da noite, no entanto,

"Levi chegou ao extremo do shopping e desceu uma rampa para entrar na fila. Porque era sábado e início da noite, no entanto, deveria haver uma fila enorme ao longo de um cercado de corda que dava quatro ou cinco voltas e terminava entrando no shopping." O cercado é de metal e não "de corda". Na minha visita, mesmo com várias entradas, havia uma fila de pessoas que dava sete voltas. Demorou 40 minutos até chegar minha vez no elevador, apesar de estar a apenas 15 metros dele. Desconfio de que Levi ficou na fila por muito mais tempo do que a estimativa feita por John, tendo em vista que era uma noite de sábado.

"Por fim, o segurança Harold teria perguntado a Levi se ele tinha alguma coisa de metal nos bolsos e, porque ele tinha, Levi teria

colocado as chaves do carro em um balde branco do Stratosphere usado para carregar moedas dos caça-níqueis, atravessado o detector de metais, pegado as chaves e cruzado um saguão estreito para esperar pelo elevador da torre." Confirmado que existem seguranças nesse posto, assim como detectores de metal. Porém, o nome do segurança não aparece nas anotações de John.

"Porque era sábado e início da noite, no entanto, o grupo com o qual Levi ficou na fila teria esperado bastante tempo no saguão. Com o lugar cheio de gente, abafado e iluminado por uma luz amarela, no longo intervalo de espera, do outro lado da balaustrada, Levi pode ter olhado para baixo e visto a área de entretenimento do Stratosphere, chamada de Strat-O-Fair, um corredor de jogos ao lado da piscina do hotel." O saguão não estava cheio assim quando visitei. Não quer dizer que estava vazio, mas o gargalo mesmo fica nos detectores de metal; depois disso, você entra numa fila menor, onde o acesso ao elevador é bem agilizado. Porém, fiquei meio confuso com o local dessa área de entretenimento. Não vi nada parecido com o que John descreve nessa parte. Não acho que ele esteja inventando porque encontrei um comunicado de imprensa que descreve a atração, mas não consegui encontrar essa área em parte alguma do hotel.

o grupo com o qual Levi ficou na fila teria esperado bastante tempo no saguão. Com o lugar cheio de gente, abafado e iluminado por uma luz amarela, no longo intervalo de espera, Levi pode ter olhado por sobre a balaustrada e visto, um nível abaixo, a área de entretenimento do Stratosphere, chamada de Strat-O-Fair, um corredor de jogos ao lado da piscina do hotel. Existe o jogo de arremesso de bolas chamado "Gato Escaldado" e o jogo de arremesso de argolas chamado "Fora da Órbita" e um touro mecânico monte-por-sua-conta-e-risco chamado "Vegas Cowboy": "Perigo! Touro mecânico projetado para simular os movimentos de um touro de verdade. São grandes as chances de um montador ser arremessado do e/ou ser atingido pelo touro mecânico. O touro mecânico é uma máquina pesada que – de modo violento e imprevisível – gira e torce o montador em alta velocidade. Você precisa ter pelo menos 13 anos de idade para montar o touro!".

"Existe o jogo de arremesso de bolas chamado 'Gato Escaldado'..."
Confirmado pelo comunicado de imprensa.

"...e o jogo de arremesso de argolas chamado 'Fora da Órbita'..." Deveria ser escrito "Fora Da Órbita", de acordo com o comunicado de imprensa.

**"...e um touro mecânico monte-por-sua-conta-e-risco chamado 'Vegas Cowboy': 'Perigo! Touro mecânico projetado para simular os movimentos de um touro de verdade. São grandes as chances de um montador ser arremessado do e/ou ser atingido pelo touro mecânico. O touro mecânico é uma máquina pesada que – de modo violento e im-

previsível – gira e torce o montador em alta velocidade. Você precisa ter pelo menos 13 anos de idade para montar o touro!"' Mais uma vez, não consegui encontrar nada disso. Porém, de acordo com as anotações de John, o sinal de aviso, na verdade, diz o seguinte: "Perigo! Touro mecânico projetado para simular os movimentos de um touro de verdade. São grandes as chances de um montador ser arremessado do e/ou ser atingido pelo touro mecânico. O touro mecânico é uma máquina pesada que – de modo violento e imprevisível – gira e torce o montador em alta velocidade. Você precisa ter pelo menos 14 anos de idade para montar o touro! Se você está grávida, não deve montar o touro".

Levi entrou no elevador. Uma vez dentro, ele teria sido cumprimentado por uma jovem, talvez tenha sido Caroline, que estaria de calças pretas e uma camisa polo rosa e azul petróleo do Stratosphere, e que teria anunciado, assim que as portas estivessem fechadas, que Levi e as outras 25 pessoas da lotação máxima do elevador logo atingiriam a velocidade de 566 metros por segundo rumo ao topo da torre do Stratosphere, muito embora elas viajassem apenas 261 metros até o topo da torre do Stratosphere, juntas, em um elevador de dois andares no qual estariam tão próximas umas das outras que teria sido impossível para elas contarem as pessoas ao redor, algumas delas talvez estivessem bêbadas, algumas talvez estivessem falando em cima da apresentação da operadora do elevador durante a subida, e algumas talvez tenham interrompido a operadora para perguntar, várias vezes na mesma viagem, em meio a risadinhas, quantas vezes por dia ela sobe e desce no equipamento. Levi teria saído do elevador e seguido pelo corredor de luz azul no primeiro dos dois níveis do deque de observação da torre, e passado por uma loja fechada de presentes, pelo bar,

"**Levi entrou no elevador. Uma vez dentro, ele teria sido cumprimentado por uma jovem, talvez tenha sido Caroline, que estaria de calças pretas e uma camisa polo rosa e azul petróleo do Stratosphere...**" Hoje, os funcionários do Stratosphere usam roupas mais elegantes: calças pretas, camisas brancas e casaco preto; ou calças pretas, camisas brancas e colete preto; ou camisa polo marrom e blazer preto. Uma descrição do uniforme usado nos anos 1990, encontrada em *CheapoVegas.com*, diz: "Não deixe ninguém dizer que os tons que lembram pedras preciosas estão ultrapassados! No Strat, todo mundo brilha em tons de rubi, ametista e esmeraldas. Blazers pretos com bordados dourados complementam camisas de cetim vermelho, enquanto as camisas roxas usadas pelos crupiês parecem roupas discretas de pirata. Sem dúvida, as garçonetes são modestas em seus minivestidos violeta...". No entanto, nada confirma a roupa descrita por John.

"...e que teria anunciado, assim que as portas estivessem fechadas, que Levi e as outras 25 pessoas da lotação máxima do elevador logo atingiriam a velocidade de 566 metros por segundo rumo ao topo da torre do Stratosphere..." Um comunicado de imprensa divulgado pelo Stratosphere afirma que a velocidade do elevador é de 548 metros por segundo, e não 566, como afirma John.

"...muito embora elas viajassem apenas 261 metros até o topo da torre do Stratosphere..." Confirmado no *site* do cassino: o deque de observação está no 108º andar da torre, que fica a 261 metros de altura. No entanto, um comunicado de imprensa divulgado pelo hotel afirma que o 108º andar está a 260 metros de altura. Há algo errado com as estimativas do próprio hotel.

"...juntas, em um elevador de dois andares no qual estariam tão próximas umas das outras que teria sido impossível para elas contarem as pessoas ao redor, algumas delas talvez estivessem bêbadas, algumas talvez estivessem falando em cima da apresentação da operadora do elevador durante a subida, e algumas talvez tenham interrompido a operadora para perguntar, várias vezes na mesma viagem, em meio a risadinhas, quantas vezes por dia ela sobe e desce no equipamento." Nenhuma prova disso nas anotações de John, mas todo mundo adora uma boa piada sexual, então vou deixar passar.

"Levi teria saído do elevador e seguido pelo corredor de luz azul no primeiro dos dois níveis do deque de observação da torre..." Agora, a luz parece amarelada e o ambiente tem também um pouco da luz magenta que fica ao redor da porta do elevador.

"...e passado por uma loja fechada de presentes, pelo bar..." Uma mulher que estava dobrando camisas na loja de presentes disse que eles, normalmente, ficam abertos até as duas da manhã. Isso significa que a loja deveria estar aberta por volta das seis da tarde, quando Levi passou por ela. Idem para o cara que estava preparando *pretzels* no bar. Talvez John queira o "ambiente" misterioso de um deque de observação deserto. Não sei. Mas seria falso sugerir que não havia bastante movimento lá em cima. A torre parece ser a principal atração do Stratosphere e suponho que o hotel tem interesse em manter aberto o maior número possível de lojas dentro da torre.

pela estação de rádio que não transmitia coisa alguma havia anos, até chegar ao recinto circular e acarpetado do deque, onde as janelas do piso ao teto são inclinadas para o lado de fora, de modo que os visitantes, ao olhar para a cidade lá embaixo, com os pés colados ao vidro, talvez experimentem o que um comunicado de imprensa divulgado antes da inauguração do hotel, em 1994, chamou de "queda livre". Levi subiu a escada para o lado de fora. Era sábado e início da noite, e havia bastante gente por ali. Algumas crianças corriam pelo deque de concreto da torre. Alguns adultos olhavam pelos telescópios que funcionam com moedas, confirmando que eles não funcionam a menos que você deposite uma moeda. Algumas pessoas de idade se agarravam à cerca de arame do deque, apertando mais forte toda vez que um helicóptero passava por perto. Levi caminhou para a esquerda, no sentido Leste, ganhando distância de onde o sol começava a se pôr e se apoiou um pouco na cerca de arame com 1,2 metro de altura enquanto uma noiva e um noivo tiravam fotos um do outro, da vista e dos últimos 90 metros de altura da torre acima.

"...pela estação de rádio que não transmitia coisa alguma havia anos..."
Um cara com quem falei no alto da torre (ele estava usando terno e crachá, então deveria ser uma fonte oficial) não sabia nada sobre aquele espaço. Espiando pelas vidraças, vi uma placa que dizia: "Kool 93.1 Pontapé inicial para o Verão da Diversão 2006". Havia CDs e microfones, mas, fora isso, parecia um escritório genérico. O *site* da Kool 93.1 diz que a emissora está

localizada na Avenida Meade, 2.880, suíte 250, Las Vegas, Nevada, 89102". Então não sei se é mesmo uma rádio na torre.

"**...até chegar ao recinto circular e acarpetado do deque...**" É acarpetado. E o topo da torre lembra muito a Space Needle [Agulha do Espaço], de Seattle, então posso confirmar que o deque de observação é mesmo circular.

"**...onde as janelas do piso ao teto são inclinadas para o lado de fora, de modo que os visitantes, ao olhar para a cidade lá embaixo, com os pés colados ao vidro, talvez experimentem o que um comunicado de imprensa divulgado antes da inauguração do hotel, em 1994, chamou de 'queda livre'.**" As anotações de John afirmam que essa citação foi tirada de uma matéria de 1994, publicada pelo *Las Vegas Sun*, e não de um comunicado de imprensa feito pelo hotel. É preciso corrigir a fonte.

"**Levi subiu a escada para o lado de fora. Era sábado e início da noite, e havia bastante gente por ali. Algumas crianças corriam pelo deque de concreto da torre. Alguns adultos olhavam pelos telescópios que funcionam com moedas, confirmando que eles não funcionam a menos que você deposite uma moeda.**" Quase tudo nesse trecho é impossível de confirmar, uma vez que a atividade no deque seria determinada pelos indivíduos que fazem parte do público presente no deque de observação em um dado momento. No entanto, confirmo que existem telescópios que funcionam com moedas.

"**Algumas pessoas de idade se agarravam à cerca de arame do deque, apertando mais forte toda vez que um helicóptero passava por perto.**" A cerca não é de arame e sim de barras verticais com 6 milímetros de espessura.

"**Levi caminhou para a esquerda, no sentido Leste, ganhando distância de onde o sol começava a se pôr...**" Confirmado: ao sair na área externa, caminhar para a esquerda levaria mesmo em direção ao Leste.

"...e se apoiou um pouco na cerca de arame com 1,2 metro de altura..."
O relatório do médico legista diz que a cerca ao redor do perímetro interno do deque tem 1,1 metro de altura, e não 1,2 metro, como afirma John.

"...enquanto uma noiva e um noivo tiravam fotos um do outro, da vista e dos últimos 90 metros de altura da torre acima." Um comunicado de imprensa afirma que a área externa do deque de observação do Stratosphere fica a 265 metros de altura (um andar acima da parte coberta do deque de observação). No entanto, o folheto que eles distribuem para turistas no topo da torre diz que o deque fica a 264 metros de altura. De qualquer forma, a distância do deque de observação até o topo da torre de 350 metros é, no máximo, 86 metros e, no mínimo, 85 metros; e não 90 metros como afirma John.

Levi passou pela cerca de 1,2 metro, pisou no que os seguranças do Stratosphere chamam de "fosso", um espaço de concreto com um 1,8 metro de largura entre a cerca de 1,2 metro no perímetro interno do deque e a cerca de 3 metros na beira do perímetro, depois Levi escalou a cerca de 3 metros de altura e sentou-se. Era sábado e início da noite, e um alarme disparou no gabinete de segurança do hotel. Levi ficou sentado na beirada por 48 segundos antes que qualquer pessoa no deque se aproximasse. Agora, o sol desapareceu. Sábado à noite. E o vale onde Levi cresceu se iluminou, e se iluminou até as invisíveis montanhas negras ao redor dele, a barreira que manteria para sempre a cidade no formato que tinha agora. O segurança Frank se aproximou de Levi pela esquerda, a Leste, e disse: "Ei"; ou disse: "Ei, menino"; ou disse: "Menino, não"; ou não disse nada e foi só a presença dele que fez Levi virar a cabeça para a esquerda, ficar de pé na beirada, acenar para o segurança – que não aparece nas imagens do vídeo que mostra Levi acenando – e pular.

"Levi passou pela cerca de 1,2 metro, pisou no que os seguranças do Stratosphere chamam de 'fosso', um espaço de concreto com 1,8 metro de largura entre a cerca de 1,2 metro no perímetro interno do deque..."
Correção: Esse fosso, de acordo com o relatório do médico legista, tem 2,1 metros de largura, e não 1,8 metro, como afirma John. Além disso, Levi não conseguiria "pisar" no fosso, pois existe um desnível de 1,5 metro entre a base da cerca e a passarela exterior. E o relatório do médico legista afirma, claramente, que existe um desnível de 2,2 metros entre o topo da cerca mais baixa e a base da passarela. Ele teria de "saltar" no fosso e não "pisar" nele.

"...e a cerca de 3 metros na beira do perímetro, depois Levi escalou a cerca de 3 metros de altura e sentou-se." É correto afirmar que a cerca externa tem 3 metros de altura.

"Era sábado e início da noite, e um alarme disparou no gabinete de segurança do hotel." Confirmado: um alarme disparou, de acordo com o relatório do médico legista.

"Levi ficou sentado na beirada por 48 segundos antes que qualquer pessoa no deque se aproximasse." Esses 48 segundos foram confirmados pelo relatório do médico legista. Mas, na verdade, não existe nenhuma beirada para se sentar, então não faço ideia de onde Levi poderia ter sentado. Para além da cerca externa, há uma espécie de auréola de metal fixada na base da cerca. Talvez ele tenha usado isso para se sentar? Mas será que aguentaria o peso dele?

"Agora, o sol desapareceu. Sábado à noite. E o vale onde Levi cresceu se iluminou, e se iluminou até as invisíveis montanhas negras ao redor dele, a barreira que manteria para sempre a cidade no formato que tinha agora. O segurança Frank se aproximou de Levi pela esquerda, a Leste, e disse: 'Ei'; ou disse: 'Ei, menino; ou disse: 'Menino, não'; ou não disse nada e foi só a presença dele que fez Levi virar a cabeça para a esquerda, ficar de pé na beirada, acenar para o segurança – que não aparece nas imagens do vídeo que mostra Levi acenando – e pular." Levi também teria dito "tchau, tchau" antes de pular, de acordo com o relatório do médico legista. Mas existem muitos outros problemas com o cenário descrito por John. Em primeiro lugar, o boletim meteorológico diz que estava "nublado" por volta das seis da tarde, o que complica as coisas porque havia nuvens bloqueando a vista que John está descrevendo, então não havia como Levi enxergar nada a distância. Além disso, naquele dia, o sol se pôs aproximadamente às 19h58, no fuso horário do Pacífico, duas horas depois do horário dado por John, o que torna impossível o trecho: "Agora, o sol desapareceu. Sábado à noite"; a não ser, claro, que houvesse algo terrivelmente errado com a rotação da Terra naquela tarde. Além do mais, do lugar onde estava Levi, é evidente que teria olhado para montanhas marrons e não negras. No entanto, existe uma cordilheira chamada de "Montanhas Negras" que talvez seja a referência aqui, mas, na descrição de John, essas montanhas estariam à direita de Levi e não bem na frente dele. Os detalhes sobre o segurança se aproximando de Levi e o que aconteceu em seguida foram confirmados pelo relatório do médico legista a partir dos vídeos gravados pelas câmeras de segurança do hotel. Mas há certas coisas que tornam questionável a veracidade do relatório do médico legista, e que preocupam. Por exemplo, existem perguntas importantes que continuam sem resposta sobre a sequência de eventos que antecede a morte de Levi. O relatório do médico legista afirma que "um segurança do hotel testemunhou o jovem pulando do centésimo nono andar do deque de observação do cassino e hotel Stratosphere" e que "o jovem pulou de uma altura de 254 metros". Porém, como indicado antes, o nível oito do deque de observação, que fica um andar abaixo do nível de onde Levi pulou, tem 261 metros (se você acredita nas anotações de John) ou 260 metros (se você acredita no comunicado de imprensa do Stratosphere), enquanto o nível nove, de onde Levi pulou de fato, tem 265 metros (se você acredita no *site* do Stratosphere) ou 264 metros (se você acredita no folheto do Stratosphere). Se você subtrai o metro e meio que Levi teve de descer para acessar o fosso do deque de observação, ainda restam 262 metros de onde ele teria pulado de fato, e não 254 metros como afirma o relatório do médico legista. Na verdade, para cair de 254 metros, ele teria de ter pulado do centésimo sexto andar, o que teria sido impossível porque o centésimo sexto andar é ocupado por um restaurante chamado Topo do Mundo, onde as janelas são completamente vedadas. Em outras palavras, ele não teria conseguido pular daquele andar a não ser que desse um jeito de atravessar as janelas. Alguma coisa está errada aqui. E esse não é o único problema. A estimativa de que Levi teria saído de casa às cinco horas da tarde é extremamente improvável. Fazendo o cálculo inverso, vamos usar o horário em que ele pulou a cerca, segundo o médico legista: 17h58. Podemos confirmar esse horário porque ele aparece nas câmeras de segurança do hotel. (A não ser que o relógio interno das câmeras estivesse errado, mas não vamos entrar nesse assunto.) Para todos os efeitos, vamos considerar esse horário o nosso ponto final, quando Levi pula do prédio. De acordo com essa marca das 17h58, se Levi tivesse saído de casa às 17h, teria levado 58 minutos da porta de casa à beirada da torre. Detalhando o percurso, é possível dividi-lo em vários segmentos: (A) da porta ao carro; (B) da casa ao estacionamento; (C) da entrada do estacionamento à vaga do estacionamento; (D) da vaga do estacionamento à entrada do cassino; (E) da entrada do cassino à escada rolante mais próxima (se ignorarmos o percurso absurdo que John traçou e, em vez disso, pegarmos o caminho mais curto da entrada ao elevador) e até a bilheteria; (F) do fim da fila na bilheteria até a compra do ingresso; (G) da compra do ingresso – cruzando o shopping – até o fim da fila na base da torre; (H) do fim da fila na base da torre – passando pelo esquema de segurança e pelo detector de metal, e subindo a escada – até o fim da fila para pegar o elevador; (I) do fim da fila para pegar o elevador até entrar no elevador; (J) de estar no elevador na base da torre até estar no elevador no topo da torre; (K) de sair do elevador no topo da torre até subir as escadas, sair na parte externa e chegar até a cerca. Agora, para essa cronologia ser factível, a soma dos tempos de cada um desses segmentos deve ser igual a 58 minutos. Podemos ignorar, com efeito, a afirmação de John sobre Levi ter estacionado o carro no Stratosphere às 17h18 porque ela é completamente infundada. E também não vamos levar em consideração o que disse o gerente de publicidade Michael Gilmartin para o *Las Vegas Review-Journal*, que Levi chegou ao deque de observação às 17h45, uma vez que essa também é, com certeza, uma estimativa incorreta. Sendo assim, fazendo o caminho inverso a partir das 17h58 (quando Levi pulou da beirada): ele levou talvez um minuto para ir da porta do elevador até a cerca. Ele teve que entrar no deque de observação, passar pelo bar, por um lance de escada, sair pela porta e caminhar até a cerca (K = 1 min). O percurso de elevador levou cerca de um minuto. Se o elevador tem uma velocidade de 550 metros por minuto, ele sobe 9,2 metros por segundo; e percorre 260 metros em pouco mais de 28 segundos; mais o tempo que levou para todo mundo sair e entrar do elevador na base da torre, e sair do elevador no topo: 1,5 minuto, num dia bom (J = 1,5 min). Ele teria que ter esperado no saguão antes de entrar no elevador por uns bons 3 a 5 minutos, dependendo do tamanho da fila. Vamos ser otimistas e supor 3 minutos (I = 3 min). Em um sábado em julho, entre 17h e 18h, podemos dizer com segurança que o tempo que ele teria que esperar na fila, passar pelo detector de metal e entrar no elevador deve ter sido de pelo menos 40 minutos, tendo a minha própria experiência como referencial num horário e numa época semelhantes (H =

40 min). Se ele andou rápido, deve ter levado 2 minutos da bilheteria até o fim da fila na base da torre (G = 2 min). Imagino que precisou de pelo menos 10 minutos para comprar o ingresso, de novo baseado na minha experiência (F = 10 min). Da entrada do cassino, passando por um lance de escada e por uma escada rolante, cruzando o pavimento do cassino, subindo um lance de escada e uma escada rolante, até a fila do ingresso: 2 minutos (E = 2 min). Se ele usou a escada em vez de pegar o elevador, de sua incrível vaga de estacionamento no quinto andar, e caminhou até a entrada do cassino: 1 minuto (D = 1 min). Da entrada, onde ele teria de procurar por uma vaga até encontrar uma no quinto andar, no mínimo: 3 minutos (C = 3 min). Numa noite de sábado, por causa do trânsito maldito dessa cidade maldita, não há a menor chance de ele ter feito o trajeto de 20 quilômetros de casa até o cassino nos 17 minutos calculados pelo Google Maps. Ele teria demorado pelo menos o dobro disso, vamos dizer 35 minutos, dado o trânsito na autoestrada; e não vamos nem mencionar o que é dirigir pelo Las Vegas Boulevard (também conhecido como "a Strip") numa noite de sábado (B = 35 min). E como ele estava irritado, e supondo que a transmissão do carro estava boa e que não foi difícil dar a partida, do ato de bater a porta de casa até começar a dirigir, 30 segundos (A = 0,5 min). Com isso, somando os tempos de A até K, temos 99 minutos que, subtraídos das 17h58, significa que ele precisaria de ter saído de casa 16h19 – 39 minutos antes do horário citado pelos pais de Levi no depoimento ao médico legista. Você esqueceria o horário em que viu seu filho vivo pela última vez? Imagino que tudo é possível, mas parece que eles não conseguiram determinar nem sequer esse horário direito. O fato é que, agora, a versão dos Presleys também parece questionável. E embora seja humanamente possível que ele tenha saído de casa por volta das 17h (*meio* próximo do horário citado por seus pais) e chegado à cerca do deque de observação do Stratosphere às 17h58, levando tudo em consideração, parece extremamente improvável. Ou não tinha movimento na autoestrada e ele pegou todos os sinais verdes e dirigiu direto até a vaga do estacionamento e andou rápido de maneira imperturbável de um ponto a outro dentro do cassino e todas as filas que pegou estavam misteriosamente curtas para uma noite de sábado e foi o primeiro a sair do elevador e foi direto para o segundo nível do deque de observação até um ponto pré-determinado da cerca e na mesma hora começou a escalar e pular, e conseguiu

fazer tudo isso em aproximadamente 58 minutos; ou o relatório do médico legista, baseado no depoimento dos pais de Levi, errou feio. Acho que devo me perguntar: se esse fato específico no único registro oficial da morte de Levi Presley não é nada confiável, até que ponto podemos confiar no relatório do médico legista como um todo, ou mesmo nos pais de Levi? É óbvio que os pais de Levi estavam em choque enquanto tudo isso estava acontecendo e é compreensível que eles não tenham uma memória clara dos eventos. Mas será que a investigação do médico legista foi rigorosa? Eles têm que cuidar de cada suicídio que acontece em Vegas, 264 vezes por ano, e parece que houve vários suicídios naquele fim de semana. Mas, ainda assim, parece negligência. Será que eles se deram o trabalho de calcular para ver se a cronologia de eventos era possível? Se não, como podemos confiar nesse documento? Eles não questionaram os depoimentos das testemunhas "oficiais"? E o relatório da polícia de Las Vegas? O que disseram todos aqueles repórteres? Qual dessas fontes pode ser encarada como "a autoridade" se todas elas demonstraram potencial para, de um jeito ou de outro, dar informações incorretas sobre o que ocorreu naquela noite? A essa altura, que diferença faz? Se fosse possível confirmar com testemunhas independentes tudo que está em questão, se eu pudesse determinar com certeza o horário exato em que Levi saiu de casa, a altura exata de onde ele pulou e em que direção soprava o vento – e a força, a temperatura e se havia poeira ou não – quando ele mergulhou da torre às 18h01min43s e caiu por 8 segundos em uma calçada de tijolos marrons com padrão de espinha de peixe... bom, então... Não sei. Eu teria feito meu trabalho. Mas isso mudaria o fato de que ele está morto?

Apêndice

O ensaio de John D'Agata foi publicado pela revista *The Believer* no dia 1º de janeiro de 2010, sete anos depois de Jim Fingal começar a checagem de fatos. Com o título *"What Happens There"* [As coisas que acontecem lá], o texto é um bônus desta edição brasileira, incluído aqui com a amável permissão da *Believer*, e permite ver quais foram as correções realizadas no trabalho do escritor a partir das observações feitas pelo checador.

As coisas que acontecem lá

1.

No verão em que Levi Presley, de 16 anos, pulou do deque de observação da torre com 350 metros de altura do hotel e cassino Stratosphere, em Las Vegas, a câmara municipal analisava um projeto de lei para proibir temporariamente o *lap dancing* nos clubes de *striptease* da cidade, arqueologistas descobriram partes do frasco mais antigo do mundo de um molho de pimenta Tabasco enterrado em um estacionamento, e uma mulher do Mississippi venceu uma galinha de nome Ginger em uma disputa de jogo da velha com 35 minutos de duração.

No dia em que Levi Presley morreu, outras cinco pessoas morreram de dois tipos de câncer, quatro morreram de ataque cardíaco e três de derrame.

Foi também um dia com dois suicídios por armas de fogo.

O dia em que houve ainda mais um suicídio por queda.

Com uma temperatura recorde de 47,8ºC, foi inclusive um dos dias mais quentes daquele verão – um dia que estragou o Termômetro Mais Alto do Mundo, que aumentou para 5 dólares o preço da garrafinha de água com 250 ml e que causou um congestionamento de trânsito, no extremo norte da Las Vegas Strip, quando uma família de turistas que se dirigia ao centro da cidade em um Dodge Stratus alugado passou por cima dos cacos de vidro de uma garrafa derrubada por uma mulher sem-teto empurrando um carrinho de supermercado, furou um pneu traseiro, bateu em um veículo estacionado e ficou presa diante da entrada do hotel Stratosphere quando o macaco guardado no porta-malas afundou no asfalto da rua, amolecido pelo calor.

Sabemos, portanto, que quando Levi Presley pulou da torre do Stratosphere às 18h01min43s – atingindo o chão às 18h01min52s – havia mais de cem turistas inquietos em cinco dúzias de carros parados que buzinavam e gritavam na base da torre do Stratosphere.

Naquela noite, alguns deles olharam para cima e viram por um breve momento algo cair do céu, atravessar as palmeiras e atingir o pavimento.

Alguns saíram de seus carros para ver o que havia caído. E seis deles deram depoimentos à polícia falando sobre o que viram.

Quando perguntei para o Departamento de Polícia Metropolitana de Las Vegas se eu podia ler alguns dos depoimentos dados pelas testemunhas, o sargento Steve Barela explicou: "Cara, você não vai querer ler essas coisas. É só um monte de fatos. Não tem nada a ver com os livros do Mickey Spillane. Entende?".

Quando perguntei para uma mulher da Las Vegas Teen Crisis se o suicídio é um problema entre os adolescentes da cidade, ela disse preferir que eu "não escrevesse sobre essas coisas".

Quando perguntei para Michael Gilmartin, o supervisor de relações públicas do Stratosphere, se o hotel tinha um sistema em vigor para desencorajar pessoas de se jogar da torre, primeiro Michael Gilmartin perguntou se eu estava de brincadeira e depois Gilmartin disse: "Olha, não quero aparecer num texto sobre um moleque que se matou aqui, OK? Quer dizer, sério, qual é a vantagem? Só vejo desvantagem. Se você me explicar como esse texto pode beneficiar o hotel, aí talvez a gente possa conversar, mas, agora, não quero ter nada a ver com isso."

A respeito de Levi Presley, só tenho certeza de como era sua aparência, quantos anos tinha, qual era o carro que dirigia, a escola que frequentava, a garota de que gostava e que garota gostava dele, sua roupa favorita, filme favorito, restaurante favorito, banda favorita, qual era sua faixa no *tae kwon do*, que desenho tinha esboçado na parede do quarto – com um traço muito suave, a lápis – e que um dia planejava finalizar, quais eram os trabalhos feitos na escola de arte que lhe davam mais orgulho e se os temas que escolhia podiam ser vistos como um sinal de "ideação" suicida, o apelido de seu carro, os dois apelidos diferentes que cada um de seus pais lhe deu, suas respostas na última prova-relâmpago que fez na escola – *O que é bom? O que é ruim? O que "arte" significa para você? Agora, olhe para a cadeira sobre a mesa na sua frente e a descreva em termos literais* – e qual era o perfume, entre os cinco que Levi guardava no armário do banheiro, no fim do corredor, que ainda era possível sentir em seu quarto na época da minha primeira visita, três meses após sua morte, mesmo depois de seus pais arrancarem o carpete, jogarem fora a cama e tirarem tudo do armário, menos seus trabalhos artísticos.

Em outras palavras, a respeito de Levi Presley, só tenho certeza daquilo que Gail, a mãe, e Levi, o pai, estavam dispostos a falar sobre o filho de 16 anos para uma pessoa que eles nunca viram antes – o que era, logo percebi assim que os conheci, qualquer coisa.

"Tudo que você quiser saber", disseram eles. "Podemos falar sobre qualquer coisa."

Porém, entre aqueles que não conheciam Levi Presley pessoalmente, entre aqueles em Las Vegas que só conheciam esse garoto de vista, de ouvir falar, das notícias, ou de nome, o que seria oficialmente colocado no registro sobre sua morte, e o que seria oficialmente tirado dele, e o que, desde o princípio, seria oficialmente mantido bem longe do registro a respeito da morte de Levi Presley, acabaria criando um contraste tão profundo com a disposição e a abertura dos pais de Levi que, às vezes, a impressão era de que existiam duas versões muito diferentes do suicídio de Levi Presley. Uma ocorrida em um sábado, 13 de julho, por volta das 18h01, no pavimento de alvenaria com padrão espinha de peixe na entrada norte do hotel e cassino Stratosphere, uma noite quente, o vento leste levantando mantos de poeira, a bolsa de valores em baixa, a taxa de desemprego em alta, a lua visível apenas pela metade, Marte e Júpiter alinhados, o que não chega a ser raro, de modo que não existe fenômeno algum que alguém desesperado possa usar para explicar a disparidade de informações que cercam o fato mais grosseiro dessa morte específica: o corpo de Levi Presley foi encontrado "em decúbito dorsal" e "com escoriações", mas "relativamente intacto" na entrada do cassino e hotel Stratosphere, de acordo com o médico legista de Clark County, em Nevada; ou que o corpo de Levi Presley foi encontrado "em milhões de pedaços" na entrada do cassino e hotel Stratosphere, de acordo com um relato da polícia; ou que partes de Levi Presley foram encontradas no dia seguinte, a 18 metros de distância e do outro lado da rua, de acordo com uma testemunha em um hotel nas proximidades.

E existe a morte, de acordo com algumas pessoas em Las Vegas, que parece simplesmente não ter ocorrido.

2.

As pessoas se matam mais em Las Vegas do que em qualquer outro lugar da América.

Na verdade, as pessoas se matam com tanta frequência em Las Vegas que as chances de se matar em Vegas são maiores do que as de ser morto lá, apesar de Las Vegas ser também uma das cidades mais perigosas para se viver, de acordo com o *Relatório Uniforme de Crimes*, do FBI. Em Las Vegas, o número de pessoas que se matam supera o de vítimas de acidente de carro, AIDS, pneumonia, cirrose, ou diabetes. De um ponto de vista estatístico, as únicas coisas mais letais em Las Vegas são cardiopatias, derrames e alguns tipos de câncer.

Fora isso, em Vegas, você vai acabar se matando.

Talvez isso explique por que, de acordo com os *Arquivos de Medicina Pediátrica e Adolescente*, Las Vegas tenha também o índice mais alto do país de mortes relacionadas ao abuso de crianças com menos de 5 anos. Ou a maior taxa de uso de drogas entre adolescentes. O maior número de prisões por embriaguez ao volante.

A maior taxa de desistência entre alunos do ensino médio.

O maior índice de insolvência civil.

E o maior número de divórcios do país inteiro, todos os anos.

De acordo com a diretora executiva da WestCare, a única instituição da cidade dedicada ao tratamento de doenças mentais, uma média de 500 residentes por mês busca tratamento psiquiátrico em Vegas, mas cerca de 49% deles nunca recebem ajuda. De fato, num país em que uma média de 33 leitos hospitalares para cada 100 mil pacientes são destinados para o tratamento psiquiátrico, Las Vegas reserva apenas quatro leitos em cada 100 mil para tratar de seus doentes psiquiátricos.

Especulações dizem que essa escassez de tratamento para os doentes psiquiátricos contribui para aumentar o número de sem-teto na cidade. De acordo com um relatório do ano 2000, publicado pelo *Las Vegas Sun*, a taxa de desabrigados em Las Vegas quase quadruplicou nos anos 1990 – de 2 mil pessoas em 1989 para 7 mil em 1999 –, num aumento que motivou os eleitores de Las Vegas a concordar com novas leis de "qualidade de vida", por meio das quais dezenas de varreduras foram realizadas desde então, alegando "comportamento irresponsável de pedestres, obstrução de calçada e outras infrações como desculpas para prender os sem-teto e limpar áreas problemáticas", levando a Coalizão Nacional para os Sem-Teto a chamar Las Vegas de "a cidade mais cruel da América", em 2003.

Contudo, segundo a *Las Vegas Perspective* de 2005, produzida pela Agência de Desenvolvimento de Nevada, uma média de 8 mil pessoas se muda para a cidade a cada mês. É a região metropolitana que mais cresce na América. Como resultado, a escassez de terras na Grande Las Vegas se tornou tão acentuada que um jornal local uma vez noticiou que dois novos terrenos de 8 mil metros quadrados surgem a cada hora em Las Vegas, e em cada um deles são espremidas, em média, oito casas de três quartos.

A revista *Fortune* chamou Las Vegas de "o melhor lugar do país para abrir qualquer tipo de negócio".

Retirement Places Rated afirmou que é "a comunidade mais desejável do país para viver os anos de aposentadoria".

E a revista *Time* deu a Las Vegas o título de "a nova cidade símbolo da América", no mesmo ano em que um estudo chamado "Estresse Social nos Estados Unidos" colocou Las Vegas entre as cidades mais estressantes para se viver.

Para cada cinco novos residentes que se mudam para Las Vegas, três nativos vão embora.

3.

Comecei a trabalhar como voluntário no Centro de Prevenção contra o Suicídio em Las Vegas depois de me mudar para a cidade a fim de ajudar minha mãe. Para entrar no centro, tive de assinar uma "carta de intenção", fazer uma doação de 100 dólares em dinheiro e participar de um curso de três semanas sobre os problemas da cidade com o suicídio.

"Algumas pessoas falam que a culpa é das drogas, ou do estresse, e claro que um monte de gente acha que o jogo é a causa dos suicídios", explicou Marjorie Westin, a diretora do centro. "Mas passei minha vida adulta inteira estudando os problemas da cidade e nenhuma dessas teorias é correta. A verdade é que ninguém quer saber o motivo por trás dos suicídios."

Marjorie Westin fundou o Centro de Prevenção contra o Suicídio em Las Vegas quando ainda era uma estudante de graduação, 35 anos atrás. Existem 23 pessoas que se revezam como voluntárias para o centro e sempre uma delas está disponível, recebendo telefonemas em sua própria casa. Essa é uma variação da linha de emergência padrão em que dois atendentes treinados respondem juntos às ligações, dando suporte um para o outro enquanto trabalham numa central.

Mas dado o volume de ligações que recebe, e a escassez de voluntários para o trabalho, o Centro de Prevenção contra o Suicídio em Las Vegas emprega um serviço local de atendimento que avalia as chamadas recebidas na linha de emergência e encaminha as "importantes" para o voluntário da vez.

Às vezes, porém, mesmo o American Telephone Answering Service [Serviço Americano de Atendimento Telefônico] fica sobrecarregado. Às vezes, ele pede às pessoas que telefonam para deixar mensagens para o Centro. Às vezes, indica linhas de emergência de outros estados. Às vezes, não consegue nem atender as ligações. De acordo com uma pesquisa do *Las Vegas Sun*, em 2001, apenas 55% das chamadas feitas pelo jornal chegaram a ser atendidas, de fato, por um voluntário.

No meu primeiro dia de aula no Centro de Prevenção contra o Suicídio, fui de carro pela Flamingo Road, no sentido leste, à procura do escritório onde funciona a linha de emergência, a quilômetros de distância da Las Vegas Strip, debaixo dos muitos elevados que levam para fora da cidade.

Peguei a Sandhill Road e segui ao sul por mais alguns quilômetros empoeirados, uma rua tão afastada dos pontos que os turistas costumam visitar que, quando pedi informações para uma mulher parada em um ponto de ônibus, ela fez que não com a cabeça e olhou bem para a placa do meu carro que era de outro estado.

"Não", disse ela, desviando o olhar, "não tenho como te ajudar".

No caminho para o Centro de Prevenção, existem asilos, estacionamentos de *trailers* e hotéis cor-de-rosa com um ou dois andares que alugam quartos por mês. Há o restaurante Omelet House, o bar Mugshots Lounge e a lavanderia Al Phillips' Cleaners – LAVAMOS BANDEIRAS DE GRAÇA. Existe um cruzamento com a Desert Inn Road onde seis centros comerciais pequenos dividem espaço nas quatro esquinas da rua. Há a imobiliária 24-Hour Real Estate – ABERTO 24 HORAS! – a agência de talentos Helene – CONSULTAS GRÁTIS – e a pet shop Jane's Attractive Birds – LEVE TRÊS, PAGUE UM. Existem o salão Famous Nails, a loja Rapid de materiais médicos e, num estacionamento que de outra forma estaria vazio, há uma pequena frota de furgões roxos usados na tosa de cães.

Na mesma quadra do Centro de Prevenção contra o Suicídio, fica um bar sem álcool chamado Easy Does It – AS PORTAS QUE DEUS ABRE NENHUM HOMEM CONSEGUE FECHAR –, uma loja de jogos que faz testes de HIV e um bicicletário com uma corrente e um cadeado abandonados.

O Centro de Prevenção, como pude verificar, fica em um prédio de salas comerciais sem número – um agrupamento de agências de trabalhos temporários, operadores de telemarketing, advogados especializados em danos pessoais e uma organização que chama a si mesma de Backyards of America, Inc. –, onde todas compartilham um único banheiro, uma única secretária e uma mesa de reunião no meio do único saguão do prédio.

"Gostaria que a gente tivesse nossa própria central de telefonistas", disse Marjorie. "E, se a gente tivesse uma boa quantidade de recursos e voluntários suficientes, é claro que seria melhor ter um time de pessoas trabalhando aqui. Mas todos os anos, sem falta, ocorrem 300 suicídios na cidade de Las Vegas. Isso significa um suicídio a cada 26 horas. Sendo assim, se temos 23 voluntários em turnos de seis horas, bom… faça a conta. É uma batalha perdida."

Em comparação, a linha de emergência em Reno, no interior do estado, é um centro que opera 24 horas por dia com uma equipe de 65 voluntários, cada um deles recebe 56 horas de treinamento, e todos são certificados pela Associação Americana de Suicidologia.

"Algumas pessoas acham que o Centro de Prevenção em Reno é melhor do que o nosso", disse Marjorie. "Mas a linha direta deles opera em uma cidade de 400 mil habitantes, e o orçamento anual deles é de 100 mil dólares. A população de Las Vegas é quase cinco vezes maior e a taxa de suicídio, seis vezes maior. O máximo que consegui de recursos foi 15 mil dólares. A linha direta de Reno não é melhor. Reno é que é melhor. É uma cidade que se importa."

Ao longo do meu treinamento com outros dois voluntários, fiquei sabendo daquilo que Marjorie chama de "o telefonema perfeito".

"O melhor telefonema", disse ela, "consegue responder a cinco questões básicas. Primeiro, quem está falando? Obviamente, você quer saber como a pessoa do outro lado da linha se chama para usar o nome dela durante a conversa, fazendo com que se sinta mais confortável. Depois, o que essa pessoa está planejando? Ela só quer conversar ou ela tem uma arma na mão? Depois, onde ela está? Ela está em casa, no carro, em um lugar público? Temos um monte de hotéis em Las Vegas, certo? E 'Como lidar com telefonemas dos hotéis mais importantes' é um capítulo do nosso manual que vai te ajudar numa situação como essa. Agora, quando essa pessoa quer se matar? É claro que existe uma diferença entre alguém que teve um dia ruim e alguém que acabou de engolir um monte de Seconal. E assim chegamos à questão do 'como'. Falamos sobre armas e falamos sobre pílulas, mas existem muitas outras formas de se matar: asfixia, cortes, enforcamento, imolação…"

"Vocês não querem saber 'por quê'?", perguntei durante a aula.

"Não", disse Marjorie. "Nós nunca perguntamos 'por quê.'"

"Por que não?", perguntei.

"Meu querido, perguntar 'por que' é algo que se faz em uma terapia. Nós não conseguimos lidar com isso na linha de emergência. O que nós temos a oferecer é informação – como, por exemplo, onde conseguir a ajuda de um terapeuta. Perguntar 'por que' é como abrir uma lata cheia de minhocas. Vai por mim, isso só complica as coisas. Você não quer perguntar 'por quê.'"

"Por que você tem essa sensação de que o mundo vai acabar?", perguntei para alguém que telefonou na minha primeira noite como voluntário.

"Porque ele não tem como começar."

Eu estava na casa de minha mãe, recebendo as chamadas que o serviço de atendimento encaminhava para o meu celular.

A televisão estava ligada.

A gata estava deitada de barriga para cima.

Minha mãe estava confeccionando bijuterias para ganhar um dinheiro extra.

Um homem ligou para se masturbar enquanto sussurrava: "Estou tão sozinho".

Um monte de gente desligou depois de ficar um tempo sem falar nada, ou de ficar só respirando.

Uma mulher ligou enquanto chorava durante o jornal da noite, de notícias locais, gritando para mim: "Vagabunda!", assim que começou a previsão do tempo.

Naquela noite, passei seis horas sentado com o manual no meu colo, abrindo às vezes no capítulo Que fazer e o que não fazer – "Jamais desafie uma pessoa a 'acabar com tudo de uma vez'" – e às vezes no capítulo sobre Fatos e fábulas a respeito do suicídio – "Existe a crença de que o suicídio seja contagioso entre adolescentes" – e às vezes no capítulo com Informações úteis – "Se alguém ligou para você é porque, com certeza, precisa de ajuda" –, mas não conseguia entender quais informações eu deveria usar, o quanto deveria falar, o quanto deveria ouvir, o quão amigável deveria ser, o quanto deveria me sensibilizar.

Naquele verão, na linha de emergência, percebi muito rápido que não sei como resolver um problema se esse problema é uma solução para alguém.

As pessoas ligavam para a linha direta e eu procurava ser compreensivo. Em vez de dizer "não", "você está exagerando" e "vai ficar tudo bem", eu ficava sentado concordando com a cabeça e esquecia que havia respostas que eu tinha de dar.

No entanto, a cada telefonema que recebia, meu instinto era o de mexer no manual volumoso do Centro de Prevenção, nas listas do que fazer, de pegar um pacote de doces Swedish Fish, de alcançar para minha mãe uma haste com uma pena alaranjada, de atrair a atenção da gata de minha mãe, fazer com que olhasse para mim, para quebrar a monotonia.

Era um sábado de calor e o vento soprava forte, mas não entrava em casa.

A lua apareceu. Apenas pela metade.

Um garoto ligou, mas não falou quase nada.

E assim meu turno continuou com *Hitler and the Occult* [Hitler e o oculto], *Trading Spaces: Boston* [Espaços cambiáveis: Boston] e o jornal local do fim de noite, em que foi mostrado um lençol branco, cheio de manchas, amarrotado no chão. Luzes azuis. Os calçados de alguém. O pavilhão vermelho de entrada do hotel Stratosphere, ao redor do qual tinha sido demarcado um perímetro com fita amarela.

4.

Estima-se que apenas 40% dos suicídios são consequência de desequilíbrio químico. Os 60% restantes são causados por "fatores indeterminados".

Sabemos que as chances das pessoas se matarem em uma cidade são quatro vezes maior do que em qualquer outro tipo de ambiente.

Também sabemos, no entanto, que zonas rurais podem ser ruins.

Assim como a faixa de horário entre o meio-dia e as seis da tarde.

Ou o mês de maio.

Ou o inverno.

Se você não bebe café, suas chances de cometer suicídio são três vezes maior do que se você bebesse.

Idem se você for uma mulher que toma pílula em vez de usar diafragma, se for um homem com tatuagens no pescoço ou nos antebraços, se for uma criança de olhos verdes, se tiver restaurações de amálgama.

Se você nasceu sob os signos de Áries, Gêmeos ou Leão: isso é ruim.

É mais provável que você queira se matar na lua nova do que na lua cheia. Ainda mais se não tiver um animal de estimação, se tiver uma arma, se ganhar um salário entre 32 mil dólares e 58 mil dólares por ano.

Mais ainda se for homem.

Se for branco.

Se tiver mais de 65 anos.

A situação melhora se você vive em qualquer lugar dos Estados Unidos que não seja Nevada, Wyoming, Alaska ou Montana, embora os especialistas não saibam dizer por quê.

Assim como não descobriram por que os americanos nativos tinham a tendência de se matar com mais frequência do que qualquer outro grupo, porém, 15 anos atrás, pararam de se matar significativamente.

Eles não sabem por que, de maneira geral, os brancos tendem a se matar com armas de fogo, enquanto os negros tendem a se envenenar, hispânicos tendem a se enforcar e adolescentes, a se cortar.

Recentemente, o dr. John Fildes, professor de Medicina na Universidade de Nevada, recebeu 1,5 milhão de dólares do governo federal para estudar o problema do suicídio em Las Vegas e isso explica por que, depois da morte de Levi Presley no hotel Stratosphere, seu consultório foi o primeiro para o qual telefonei em busca de informações sobre suicídios na cidade.

Quando finalmente me encontrei com o dr. Fildes, no entanto, nossa conversa tinha sido adiada quatro vezes em oito meses, os recursos federais tinham acabado muito antes e tudo que ele havia concluído sobre os suicídios de Las Vegas se resumia a não saber quais eram suas causas.

Por consequência, fui buscar informações sobre suicídios em Las Vegas com o sargento Tirso Dominguez, assessor de Comunicação no Departamento de Polícia Metropolitana de Las Vegas. Mas o sargento Dominguez respondeu à minha solicitação dizendo: "Não tenho nenhum comentário sobre isso".

Foi com *Reporting on Suicide: Recommendations for the Media and Public Officials* [Relatos sobre suicídio: recomendações para a mídia e funcionários públicos], um panfleto com diretrizes elaborado pelo Centro de Controle e Prevenção de Doenças, que aprendi que "sem comentários" não é uma resposta produtiva para profissionais da mídia que estão escrevendo sobre um suicídio.

Foi Eric Darensburg, editor de pautas no KLAS Channel 8, em Las Vegas, quem me contou que sua emissora adota a política de jamais gravar imagens em um local de suicídio, quando pedi para ver as gravações que a emissora tinha feito em frente ao Stratosphere na noite em que Levi morreu. E também foi Eric Darensburg que disse, quando forneci a data em que sua emissora tinha exibido aquelas imagens, que o arquivista deles tinha viajado; que o arquivista deles andava muito desorganizado; que ele não conseguiria localizar nenhuma gravação.

Foi de Bob Gerye, diretor da Las Vegas Academy of International Studies and Performing and Visual Arts [Academia de Artes Visuais e Performáticas e de Estudos Internacionais de Las Vegas], onde Levi estudou por dois anos antes de morrer, que não recebi resposta nenhuma depois de pedir que comentasse os efeitos do suicídio em sua escola. Mas foi Bob Gerye que disse, em resposta aos professores, pais e estudantes que pediram que a escola fizesse uma homenagem póstuma: "Não".

"Eu não quero", disse o diretor, "ter que lidar com histeria coletiva".

E foi uma testemunha ocular da morte de Levi no Stratosphere Hotel – um homem que deu depoimento à polícia naquela mesma noite, além de vários depoimentos informais para diversas emissoras de televisão, para um *blogger* residente em Vegas e para um tabloide semanal – que me disse: "Foda-se", quando pedi uma declaração.

"Esse assunto é privado", disse o homem antes de desligar o telefone.

"O único problema de verdade que Las Vegas enfrenta", disse o crítico cultural Hal Rothman, coordenador do Departamento de História na Universidade de Nevada, "são pessoas que vêm de fora querendo escrever sobre a cidade sem saber merda nenhuma a respeito dela".

As "pessoas" com que Rothman estava falando quando disse isso eram 15 jornalistas jovens de Berkeley, na Califórnia, que tinham viajado para Las Vegas, como suspeitava Rothman, para escrever uma série de ensaios sobre o lugar, um projeto que resultou no livro intitulado *The Real Las Vegas: Life Beyond the Strip* [A verdadeira Las Vegas: a vida além da Strip], uma coleção contundente de crítica cultural que, desde então, tem sido encarado como um dos retratos mais perspicazes da cidade desde *Learning from Las Vegas* [Aprendendo com Las Vegas]. Ele foi publicado mais ou menos na mesma época em que saiu o estudo do próprio Rothman, *Neon Metropolis: How Las Vegas Shed Its Stigma to Become the First City of the Twenty-First Century* [Metrópole de neon: como Las Vegas se livrou de seu estigma para virar a primeira cidade do século XXI], uma peça de promoção ostensivamente agressiva que se faz passar por um trabalho de crítica, uma combinação de proxenetismo cultural e mobilização pró-empresários de um escritor que parece gostar de todo predador corporativo que encontra pelo caminho.

De fato, aquela "merda nenhuma a respeito da cidade" sobre a qual, insiste Rothman, só quem mora em Las Vegas têm condições de escrever, raramente é abordado por quem mora na cidade.

"É mais um sinal do quanto a cidade que mais cresce na América se tornou refém dos barões das apostas", escreveu Sally Denton em um artigo publicado pela *Columbia Journalism Review* em dezembro de 2000. "Parece que essa situação é sustentada por repórteres locais que, a exemplo de políticos eleitos e funcionários públicos, acabam trabalhando em equipes de relações públicas nos cassinos de Las Vegas."

Em 1983, por exemplo, quando Steve Wynn, um proprietário de cassino em Las Vegas, deu entrada em uma licença de jogo na Grã-Bretanha, o jornal *The Independent*, de Londres, revelou que uma investigação da

Scotland Yard estabeleceu conexões entre Wynn e uma organização criminosa em Gênova, uma investigação que mais tarde foi citada em anúncios feitos pela editora que publicou um novo livro sobre Steve Wynn, *Running Scared: The Life and Treacherous Times of Las Vegas Casino King Steve Wynn* [Fugindo assustado: a vida e os tempos traiçoeiros de Steve Wynn, o rei dos cassinos de Las Vegas]. No entanto, embora a reportagem do *Independent* nunca tenha sido questionada, Wynn processou a editora de *Running Scared* pelo que considerava "declarações difamatórias", ganhando 3 milhões de dólares na justiça estadual de Nevada, levando à falência a editora da biografia em questão e ganhando, de certa forma, o apoio dos jornalistas de Las Vegas, tanto que a cobertura feita pelo diário *Las Vegas Review-Journal* – com certeza o jornal mais influente do estado – das alegações que deram origem ao processo se resumiu a apenas um dia, com apenas uma matéria secundária, na página cinco do segundo caderno, debaixo do título com 6 milímetros de altura: "Wynn processa escritor local".

Como contraste, o *Las Vegas Review-Journal* passou semanas cobrindo o prefeito de Las Vegas, Oscar Goodman, quando ele ameaçou processar um escritor chamado James McManus, um repórter de Illinois cujo badalado livro de memórias, *Positively Fifth Street* [Fifth Street, com certeza], faz alegações falsas de que o prefeito teria participado dos planos para assassinar um juiz local:

> Com Jimmy Chagra sendo julgado no Texas por tráfico de heroína, Jack, Ted e Benny Binion se reuniram na mesa número um da cafeteria Horseshoe com Oscar Goodman, o jovem advogado hiperagressivo que defende o réu. O desfecho daquela reunião foi um contrato de 50 mil dólares para Charles Harrelson, pai do ator Woody, para assassinar o juiz John Wood, ou assim reza a lenda.

Embora as histórias sobre o prefeito de Las Vegas, Oscar Goodman, argumentassem que o pai do ator Woody Harrelson tinha de fato sido contratado, que o juiz John Wood tinha de fato sido assassinado, que o prefeito Oscar Goodman tinha de fato sido defensor de Chagra e que o fato de defender outras figuras de Las Vegas identificadas como integrantes da máfia, na lógica de uma mão lava a outra, tinha rendido vários trabalhos para o prefeito antes de sua eleição; não seria possível confirmar a reunião na cafeteria Horseshoe da maneira descrita por McManus, razão pela qual, como afirmou o *Las Vegas Review-Journal* ao tratar da ação judicial, "o prefeito se ofendeu quando mancharam seu nome", e razão pela qual o *Las Vegas Review-Journal* publicou mais tarde que "o prefeito Oscar Goodman pode ter defendido mafiosos conhecidos, mas isso não significa que ele é um mafioso", e razão pela qual, como também afirmou mais tarde o *Las Vegas Review-Journal*, "a vida de Goodman é cheia de ironias... trata-se de um homem que admite, voluntariamente, conhecer chefes de organizações criminosas e vários membros do Black Book mantido pelos cassinos... trata-se de um homem que exige respeito", e razão pela qual, como enfim explicou o *Las Vegas Review-Journal*, "além de não haver bases factuais para a alegação de que Goodman fez parte de uma conspiração criminosa, este não foi o único erro cometido no parágrafo. O personagem principal do parágrafo, Jimmy Chagra, foi chamado de traficante de heroína, mas na verdade ele traficava cocaína".

    No fim, foi uma cobertura local tão triunfantemente bem-sucedida para o prefeito Oscar Goodman que, poucas semanas depois, no *New York Times Book Review*, um anúncio de página inteira foi publicado com uma carta de desculpas endereçada ao prefeito Goodman, assinada pelo editor do livro de McManus. No anúncio, havia uma foto do prefeito Goodman, de braços cruzados, sorridente, sentado de pernas abertas e seguro de si, sob o reluzente casco de vidro do hotel Stratosphere.

    "Na nossa cidade, procuramos evitar qualquer coisa que possa perturbar os turistas", disse a senadora Dina Status a respeito de sua jurisdição, o sétimo distrito de Clark County, em Las Vegas, Nevada. "Se for uma pitada de realidade que não é bonita, nós queremos dar um jeito nela. Você não quer entrar em contato com a realidade quando está aqui em busca de fantasia."

5.

"Mas é claro que as pessoas aqui são paranoicas com suicídio", explicou o médico legista Ron Flud, do Instituto Médico Legal. "Quer dizer, afeta os negócios, afasta os turistas. A sobrevivência de todo mundo depende da imagem da cidade. E suicídio afeta essa imagem."

De fato, Ron Flud foi o único funcionário público na Grande Las Vegas que concordou em falar sobre suicídio.

"Eu descubro fatos", disse ele, "esse é o meu trabalho, é o que eu faço. Para mim, não faz sentido omitir informações".

O Instituto Médico Legal, em Las Vegas, é feito de estuque e com teto plano, é pequeno e escuro, e encaixado em um distrito de escritórios de advocacia, escritórios de contabilidade, consultórios psiquiátricos e bancos. Dentro dele, não se vê lençóis manchados de sangue cobrindo corpos no saguão de entrada, nem recipientes de vidro espalhados por toda parte cheios de um líquido turvo e amarelado, nem pessoas com aventais pretos de borracha andando pelos corredores e empunhando ferramentas prateadas e brilhantes.

Na verdade, as únicas evidências de que o lugar é responsável por determinar a causa da morte de quase todo mundo em Vegas são um pequeno cartaz na entrada – ATENÇÃO, DIRETORES DE FUNERÁRIAS –, uma placa da Base Aérea de Nellis – EM RECONHECIMENTO PELOS SERVIÇOS PRESTADOS – e a observação que alguém fez para uma secretária ao passar rápido por ela – "Obrigado pelo caixão de chocolate, Pam".

"Acho que todo mundo aqui se sente mais confortável", disse Ron, "se a gente for discreto. Acho que é por isso que o suicídio é a coisa mais ameaçadora que podemos enfrentar como membros de uma cultura. É uma manifestação de dúvida, é o incognoscível por excelência. O suicídio de alguém que conhecemos – e até mesmo o de alguém que não conhecemos – é um alerta terrível de que ninguém tem as respostas. Aplique essa ideia a uma cidade com o maior número de suicídios do país e dá para entender por que as pessoas evitam falar do assunto".

Em 533, no Segundo Concílio de Orleans, os cardeais católicos votaram, na verdade, para "condenar" o suicídio.

O Talmude proíbe até o luto por suicidas.

E antes que alguém possa refletir sobre a velha questão do Islã – "Que se deve pensar do suicídio?" –, o Alcorão responde rápido: "É muito pior do que o homicídio".

Os hindus o condenam, Buda sempre o proibiu e, em Zurique, havia um decreto que condenava todos os suicidas a enterros debaixo de uma montanha.

"Para que suas almas", diz a lei, "sejam oprimidas para sempre".

Psicólogos ainda debatiam a criminalidade do suicídio na década de 1960, alegando que mulheres que se matavam depois de cometer adultério – ou, no jargão profissional da época, "mulheres de moral corrompida" –, normalmente, cometiam suicídio se jogando de uma janela. Que homens gays que sentiam vergonha de ser "penetrados sexualmente" desferiam facadas em si mesmos repetidas vezes até a morte. Ou que qualquer um enlouquecido por "pensamentos tóxicos" tinha a tendência de morrer asfixiado por gás.

"Acho que o tabu em torno do suicídio é o que faz as pessoas me processarem", disse Ron.

No início da semana, Ron foi ao tribunal por causa de um julgamento em que os pais de uma suicida abriram processo contra ele para alterar a causa da morte de sua única filha.

"Supostamente, quando classifico uma morte como 'suicídio', a vítima fica impossibilitada de ir para o paraíso."

Ele cofiou a barba e desviou o olhar.

"E entendo a motivação dos pais, por mais boba que pareça. A psicologia cultural desta cidade é obcecada por convencer todo mundo de que aqui é um lugar de diversão que não pode fazer mal a ninguém. Porém, esta cidade é igual a qualquer outra. Não vivemos nos hotéis, não comemos nos *buffets*, nossas esposas e filhas não são dançarinas cobertas de plumas em boates da Strip. Las Vegas é uma cidade. E ela pode ser maravilhosa e divertida, mas é também o lugar com o maior número de suicídios da América. Veja, é óbvio que entendo por que a cidade não inclui essa informação nos folhetos de turismo, mas a questão é que a gente não vai resolver o problema se não admitir que ele existe."

Atrás de Ron Flud, em sua sala no centro da cidade, havia um retrato de George Washington a cavalo. Uma pasta marrom fina estava sobre a mesa ampla e lustrosa. Dentro da pasta, a causa da morte de Levi Presley – "traumas múltiplos na cabeça e no corpo" – estava datilografada no campo intitulado CORPO em seu relatório de médico legista com quatro páginas.

"Enfim", disse Ron. "Vamos ao que interessa."

Várias vezes, ele abria e fechava a pasta enquanto conversávamos, pinçando fatos que em seguida transformava em histórias.

Ele disse, por exemplo, depois de olhar de relance uma fotografia do corpo de Levi, que o maior estrago causado por uma queda como essa é "interno e não externo… é difícil de acreditar, né?".

Ele disse: "Você sabia que a velocidade máxima de uma queda é sempre a mesma, não importa o peso do corpo nem a altura de onde se pula?".

Ele me contou a história de uma mulher na Nova Zelândia que caiu de um avião durante um voo sobre as montanhas.

"Ela caiu de 6 mil metros de altura em cima de um monte de neve, e sobreviveu sem sofrer nenhum ferimento grave."

Mas ele não me disse, naquela tarde em seu escritório, mesmo depois de eu perguntar duas ou três vezes, se é provável que a pessoa perca a consciência durante uma queda.

Ele não confirmou o que disse um geólogo do século XIX que estudava alpinistas – que, numa queda, você "não sente ansiedade e não há nenhum traço de desespero, não há dor, nem arrependimentos, nem tristeza… Em vez disso, a pessoa em queda, cercada por um céu azul magnífico com nuvens rosadas, ouve uma música bonita… e, subitamente, sem qualquer dor, todas as sensações do corpo cessam de imediato, no exato momento em que o corpo faz contato com o chão."

Em outras palavras, Ron Flud não me explicou como os tênis de Levi, na Polaroid que me mostrou, foram parar a 6 metros do corpo no pavimento de alvenaria, arrancados dos pés no momento em que o corpo atingiu o chão, embora ainda parecessem intactos na fotografia, sem qualquer mancha e com os cadarços ainda amarrados, e até com nós duplos.

6.

"Quero deixar minha marca nesta cidade", disse o proprietário de cassino Bob Stupak sobre seu Stratosphere, o prédio americano mais alto que existe a oeste do Mississippi. "Quero fazer por Vegas o mesmo que a Torre Eiffel fez por Paris, o mesmo que o Empire State Building fez por Nova York... Quero que meu prédio seja um símbolo, que seja sinônimo de Vegas."

"De fato", disse Dave Hickey, um crítico de arte da Universidade de Nevada, em Las Vegas. "Ele criou um novo símbolo para Las Vegas. Mas isso leva à pergunta: O que o símbolo significa?"

Dave Hickey é considerado uma referência na história da arte local, um embaixador de Las Vegas para o resto do mundo.

"Quer saber por que gosto daqui?", disse ele. "Porque tudo nesta cidade é guiado pela economia. E essa é a única democracia de verdade que existe neste país. É por isso que gosto de dar aulas para estudantes de arte em Vegas. Eles não são uns bundões."

Nós nos encontramos antes das nove da manhã em um bar da Strip chamado Fireside, um lugar de sofás vermelhos, mesas octogonais, faixas de neon azul ao redor das lareiras e espelhos em todas as paredes, do chão ao teto, por toda parte.

Três homens de terno preto estavam bêbados em um dos sofás; um casal se pegava no sofá ao lado e gemia alto; em outro, uma mulher sozinha bebia um Bloody Mary; e no balcão, usando botas pretas de caubói, Dave devorava uma tigela de amendoins grátis.

"Certo", disse ele, "o Stratosphere é o maior pau de Las Vegas, é verdade, e quando você tem o maior pau, os outros mostram respeito. Mas também acho que o fato de ser grande pra caralho é a razão dos problemas que o prédio enfrenta na cidade. A arquitetura de Las Vegas é comercial, e comércio tem a ver com flexibilidade. Aqui, não existe intervalo entre um pensamento e um ato. Esta cidade se vangloria da habilidade que tem para atender os caprichos do turismo porque, desse jeito, se algo não funciona, você tem condições de tentar outras coisas. Se você monta um negócio que não funciona, é só acabar com o negócio. Prédios, vizinhanças, políticos... o que for. Esta cidade não parte do princípio de que alguma coisa é permanente. Mas você não tem como acabar com o Stratosphere. Quer dizer, a coisa vai ficar lá pra sempre. E esse é o problema. O Stratosphere está condenado a ser 'O Stratosphere' pra sempre."

Em 1996, pouco depois da inauguração do Stratosphere, especialistas foram ouvidos sobre como ele poderia ser demolido.

"Boa pergunta", disse o empreiteiro do Stratosphere.

Enquanto a maioria dos prédios de Las Vegas é feita de malha de arame, estuque e vigas de aço, o Stratosphere é feito de milhares de metros cúbicos de concreto.

"Você teria de derrubar o prédio como se fosse uma árvore gigante", disse Mark Loizeaux, um especialista em implosões que coordenou a demolição de vários *resorts* famosos de Las Vegas. "Com explosivos, daria para inclinar o prédio numa direção específica, para depois explodir todo o resto enquanto ele desaba. Seria, basicamente, como transformar a coisa toda em cascalho ao longo da queda, em pedaços do tamanho de um sofá. Porém, o maior problema de fazer isso é que seria preciso uma área livre tão grande quanto a altura do prédio."

Em outras palavras, um terreno na Las Vegas Strip com 400 metros de extensão, e vazio.

"Além disso", disse ele, "existe a questão do custo, porque você acabaria gastando mais para derrubar esse trambolho do que o valor gasto na construção dele".

Cerca de 1 bilhão de dólares.

"Então eu diria que ele veio para ficar", disse Loizeaux.

"Não é por isso que as pessoas vêm para Vegas", disse Dave. "Aqui não é Nova York, não é Chicago, não somos uma cidade de arranha-céus. Somos a cidade das engenhocas e dos truques, o lugar aonde você vem quando precisa escapar."

Do quê?

"Você precisa perguntar?", disse Dave.

Ele chamou a garçonete e pediu mais amendoins.

"Dê uma olhada nos hotéis mais bem-sucedidos desta cidade", disse ele. "O que eles têm em comum? Eles têm chão e teto, mas não têm merda de parede nenhuma. Quem projeta cassinos sabe que as pessoas não gostam de apostar quando têm um teto alto acima da cabeça. Quando você pega um lugar como o Bellagio, que é o hotel mais bem-sucedido que esta cidade já viu, você vê que eles têm um andar gigante e aberto com mais de 7 mil metros quadrados, mas tudo isso debaixo de um teto muito baixo. Ele tem várias particularidades, se você prestar bem atenção. Há um teto principal acima de tudo, com acesso a níveis em que o teto é mais baixo, seguido de áreas que funcionam como abrigos um pouco mais baixos, onde instalam toldos ainda mais baixos. No fim, você tem um pé-direito de 6 metros, mas um espaço livre com 2,7 metros de altura. Por quê? Porque o hotel sabe que as pessoas vêm a Las Vegas para se sentirem protegidas de Deus. Estou falando sério. Ninguém tem consciência disso, mas esse é o motivo de virem pra cá. Quando caem na gandaia, as pessoas querem todas as barreiras que puderem ter entre elas e Jesus Cristo. É por isso que os hotéis ostensivamente altos não se dão bem aqui. Quer dizer, existe o Luxor, é verdade, com seus canhões de luz. Que foi inaugurado em meados dos anos 90 como um hotel de luxo, mas que, dez anos depois, pratica uma das diárias mais baixas da Strip. Os quartos no Paris Hotel também costumam ter descontos, apesar de ter custado 1 bilhão de dólares para ser construído. Mas não é um lugar acolhedor. Ele tem um monte de janelinhas na fachada e parece que isso deixa o prédio ainda mais gigantesco para quem vê de fora. As pessoas que visitam esta cidade não querem ficar olhando para cima. Ninguém vem a Las Vegas pra rezar."

A princípio, Bob Stupak tinha imaginado que o Stratosphere seria o letreiro mais alto do mundo. Ele ficaria ao lado da fachada baixa de seu hotel, o Bob Stupak's Vegas World, uma estrutura de 20 andares cujo tema – "O céu é o limite" – estaria escrito verticalmente em um neon do tamanho de um foguete espacial a 300 metros de altura. Naquela época, teria sido a décima estrutura mais alta do planeta.

"Porém, mais ou menos naquela época, minha filha estava morando na Austrália e fui fazer uma visita", disse ele. "Nós almoçamos na Sydney Tower, com 300 metros de altura e um restaurante giratório no topo. Vi as pessoas enfrentarem fila de uma hora só para pagar por um passeio de elevador até o deque de observação. E de repente tive uma ideia. Eu só estava pensando em construir um letreiro em Las Vegas, mas e se eu colocasse um deque de observação no topo do meu letreiro? As pessoas viriam de várias partes do país só para apreciar a vista. E, a certa altura, eu me perguntei: 'Por que ele não pode ser ainda mais alto?'. Foi quando decidi fazer o letreiro com 350 metros de altura, porque esse número parecia mais científico. E foi quando a ideia de construir o letreiro mais alto do mundo deixou de ser a maior preocupação, porque a gente percebeu que era exatamente isso que estava fazendo. A própria estrutura seria uma propaganda."

Desde 1996, o hotel Stratosphere recebeu sete prêmios em uma votação anual dos leitores do *Las Vegas Review-Journal*, incluindo "Prédio mais feio de Las Vegas", "Construção mais vulgar de Las Vegas" e "Hotel que mais merece ser implodido", e uma comenda especial para o próprio Bob Stupak: "A coisa mais vergonhosa de Las Vegas".

Houve também oito incêndios no hotel Stratosphere, três deles ocorreram antes mesmo da inauguração do hotel e um ocorreu na noite da abertura.

Houve um hóspede que morreu no quarto estrangulado por estranhos, uma metralhadora disparada na garagem e uma ação judicial envolvendo mais de 18 mil reclamantes.

Houve um alerta da Administração Federal de Aviação de que o plano arquitetônico da torre de 300 metros era 180 metros mais alto do que o permitido pelas normas do aeroporto. E depois houve a resposta do prefeito de Las Vegas dizendo que "é o trabalho [da AFA] tornar os aviões seguros para Vegas, e não o contrário".

Houve, por um longo tempo, quando começou a construção da torre, um boato sobre uma anomalia que os moradores da cidade chamavam de "dobra", uma inflexão em uma das três pernas de 240 metros de altura que o empreiteiro do Stratosphere garantiu não ser um defeito estrutural significativo e que, numa manhã deserta alguns meses depois, desapareceu depois de ter sido preenchida com isopor e coberta com tinta.

Houve, antes da inauguração, a cotação das ações do hotel no valor de 14 dólares.

E, depois da inauguração, o valor de 2 centavos de dólar.

Houve os supostos 67 milhões de dólares que a obra teria custado, os 500 milhões que de fato custou e os 800 milhões que acumulou em dívidas.

Houve a falência do hotel.

Houve o homem de Utah que se jogou da torre no ano 2000.

O homem da Grã-Bretanha que se jogou depois disso.

O salto do produtor de *Las Vegas Elvis*, um *reality show* produzido pela TV local sobre um sósia oficial de Elvis Presley que disse aos repórteres, quando soube da morte: "Agora, toda vez que olhar para o Stratosphere, vou pensar que é o meu *heartbreak hotel*".

Há a visão que se tem a partir de um trampolim no pátio de uma escola: sozinho no céu contra o extenso horizonte marrom.

Há a visão que se tem a partir da janela de um asilo: sozinho no céu acima da linha de árvores.

E quando se chega à cidade pela 95 ao Norte ou pela 15 ao Sul ou pela 93 ao Leste, há os 8, ou 25, ou 32 quilômetros em que o Stratosphere se destaca ao longe, sozinho sobre a linha alta das montanhas pretas do vale, sozinho no meio da Las Vegas Strip, sozinho no extremo de uma ponte chamada Poets Bridge, a algumas quadras da torre, em uma região perigosa da cidade, na qual alguém escreveu com um marcador permanente – no concreto, versos que estão inscritos na ponte – *Você se pergunta o que fará quando alcançar a extremidade do mapa, lá no horizonte, todo aquele neon acenando para você no meio da escuridão.*

7.

Depois daquela primeira noite na linha direta do Centro de Prevenção contra o Suicídio, fiz alguns telefonemas para saber quem era Levi Presley.

Tentei ligar para seus pais, mas o número não estava na lista.

Tentei ir ao funeral, mas a cerimônia foi fechada.

Cheguei a ligar para o número que encontrei em um anúncio das páginas amarelas: *Vênus Investigações* – uma firma de investigação particular para "casos difíceis e incomuns".

Vênus tinha uma voz de fumante e, ao fundo, um cachorro latindo, crianças gritando e *Jeopardy!* na TV.

Quatrocentos dólares em dinheiro, disse ela. Para "informações vitais".

Fiz uma transferência do dinheiro.

Cinco dias depois, Vênus me ligou para contar qual era o nome do meio de Levi. Ela me disse que os pais de Levi tinham se conhecido no Arizona. Disse que Levi nunca havia cometido crimes. Ela me deu o endereço deles e disse: "Existe uma gravação".

"Uma gravação?", perguntei.

"Uma gravação de câmeras de segurança."

Tudo que acontece em um hotel na cidade de Las Vegas é registrado por milhares de câmeras instaladas nos tetos dos prédios.

"Desse jeito, se alguém estiver trapaceando no jogo de cartas", disse Vênus ao telefone, "ou se houver uma briga em algum lugar, um assassinato, todo tipo de merda, o hotel pode compilar as imagens relevantes e enviar para a polícia. Isso reduz a responsabilidade deles".

"E eles fizeram uma dessas compilações sobre o Levi?"

"Cara, fiquei sabendo que sim. É."

"Será que eu poderia assistir?"

"Porra, por que você faria uma coisa dessas?"

Levi gostava de ir ao Applebee's.

Ao In-N-Out.

A um lugar que não existe mais.

Ele usava bastante roupa branca.

Às vezes, usava uma corrente de prata.

E óculos de armação roxa.

Ele gostava de uma garota chamada Mary.

E de Eminem.

Era chamado de "meu bichinho" pela mãe.

E chamava seu Chrysler LeBaron de "Ganso".

Ele disse que estava triste.

Perguntei por quê.

Ele disse umas coisas.

Perguntei que tipo de coisas.

Não faz diferença.

Por que não.

Que saco.

Desligou.

Sentei ao lado dos Presleys em uma poltrona reclinável La-Z-Boy verde, de couro, segurando no meu colo a urna preta de cerâmica com as cinzas de Levi.

Estávamos sob o teto abobadado da casa onde moram.

Estávamos assistindo ao canal TV Land.

Comemos castanhas, Triscuits e molho de espinafre, e bebemos Coca-Cola. Tomamos sopa e daí comemos uma salada, daí frango e daí brownies. Vimos os desenhos de Levi por vários minutos.

Cruzamos o vale de carro até o Tae Kwon Do for Kids, o estúdio em que Levi treinava e dava aulas depois da escola.

Em seus estudos, o antigo príncipe indiano que inventou o *tae kwon do* inseria agulhas de prata no corpo de seus escravos, mapeando sistematicamente suas partes mais vulneráveis. Aos poucos, no decorrer de sua vida, o príncipe aprendeu que as agulhas podiam provocar dores insuportáveis, ou causar paralisia e que, às vezes, atingindo o lugar certo, uma agulha podia matar um escravo.

"Mas o *tae kwon do* não tem nada a ver com matar pessoas", disse o treinador de Levi. "Tem a ver com adquirir o conhecimento para fazer uma coisa e depois se refrear de fazer essa coisa."

Estávamos sentados em seu escritório cercados por troféus, ajudando o treinador a se preparar para um torneio que seria no dia seguinte, parafusando miniaturas de chutadores em pilares decorados com lantejoulas sobre uma base de madeira escura onde havia uma placa escrita CONQUISTA.

Aprendi que o *tae kwon do* tem apenas nove níveis – faixa branca, amarela, laranja, verde, azul, roxa, vermelha, marrom e uma série distinta de faixas pretas, cada uma delas com níveis reticulados de complexidade, nove níveis de nove séries em nove estágios sem fim – porque a cultura coreana não acredita que a gente possa atingir a perfeição.

Naquela noite, todos nós que estávamos no escritório do técnico concordamos que isso era significativo porque Levi tinha caído por 9 segundos.

8.

Depois, aprendi que os anjos residem na nona esfera do paraíso.

Que, antes de receber o significado secreto das runas, Odin teve de ficar pendurado em uma árvore por nove dias.

Que existem sempre nove musas vivas em qualquer época.

Sempre nove donzelas nos antigos mitos celtas.

Sempre nove andares nos templos sagrados do budismo.

Se uma criada encontra nove ervilhas em uma vagem e coloca essa vagem no chão da cozinha, o primeiro homem que entrar e pisar na vagem será o homem com quem ela vai se casar.

Posse, afinal de contas, é nove décimos da lei de propriedade.

Ficar de olho nos nove é ficar vesgo.

Dar tão certo quanto nove centavos é se dar muito bem.

Estar vestido para as nove horas é estar muito bem-vestido.

E estar na nuvem nove é estar chapado, uma frase que teve origem, segundo folcloristas, quando a Agência Meteorológica dos Estados Unidos dividiu todas as nuvens em nove níveis diferentes, as mais altas ficam a 9 mil metros de altura e são chamadas de *cumulonimbus*. Essas são as nuvens fofas, aquelas de regiões montanhosas, as que aparecem em dias ensolarados de verão e que também são a causa de tempestades.

No entanto, acho que nós sabíamos que a queda, na verdade, tinha durado 8 segundos.

Fui de carro até o lugar em que eles viviam.

Fizemos planos de jantar em breve.

E nos despedimos com beijos e abraços, e prometemos manter contato.

Fui embora de Las Vegas cinco meses depois da morte de Levi Presley.

A certa altura, ficou claro para mim na visita aos Presleys que, na realidade, eu não falei com o filho deles na noite em que ele morreu.

Ficou claro, assim que deixei Las Vegas, que foi outro garoto que falou comigo.

Ficou claro que, se eu me esforçar para encontrar um significado, existe o risco de não encontrar nada que seja real.

Às vezes abrimos mão de conhecimento em busca de informações.

Às vezes abrimos mão também da sabedoria em busca do que chamam de conhecimento.

9.

Levi voltou para casa às duas da manhã, ou eram duas e meia da manhã. Mas nem Gail, sua mãe, nem o Levi sênior, seu pai, conseguem se lembrar da hora exata. No entanto, isso não importa, ambos dizem, porque ele deveria ter voltado para casa às onze da noite. "Não falamos nada naquela hora porque ele tinha um torneio no dia seguinte, e sabíamos que ele precisava dormir", diz Gail. Levi dormiu por cinco horas ou dormiu por quatro horas e meia, então ele acordou, tomou um banho, se vestiu, não comeu nada, foi de carro até o torneio, se alongou, torceu, competiu, perdeu, voltou de carro para casa, bateu a porta do carro, bateu a porta de casa, bateu a porta do quarto e não saiu mais. "Ele ficou lá por mais ou menos duas horas", diz Gail. Isso é estranho? "Não é estranho", diz ela, "mas, depois de um torneio, acho que seria um pouco estranho, porque ele gostava muito de falar sobre esses encontros quando voltava para casa". Depois de mais uma hora, Gail diz que ela e o marido chamaram Levi para conversar no quarto do casal, disseram que ele estava de castigo por ter voltado para casa depois do horário combinado e por ter ido a uma festa com garotos que usavam drogas, assim eles suspeitavam. Gail diz que usavam *ecstasy*. O Levi sênior diz maconha. Levi diz OK, joga o celular na cama dos pais e diz que talvez eles queiram confiscar o telefone também. Ele bateu a porta do quarto deles, bateu a porta da casa, bateu a porta do carro e foi embora. Isso é estranho? "Não é estranho, ele é um adolescente", diz Gail. "E a gente tinha acabado de dizer que ele estava de castigo." De carro, Levi foi na direção leste pela Pleasant Plains Way, virou à direita na Rainy River, à esquerda na Joe Michael, à direita na Shermcreft, à direita na Gowan, à esquerda na Rainbow, à direita na Cheyenne, seguiu pela Interstate 15 na direção Sul, passou por dois retornos, entrou à esquerda na Sahara, à esquerda na Vegas, à esquerda na Baltimore, à direita no estacionamento coberto do hotel Stratosphere. Ele encontrou uma vaga no nível cinco, o nível azul, à distância de três vagas do elevador. Eram 17h18. Em seguida, ou Levi desceu a pé dois lances de escada até o nível três, o nível laranja, onde uma passarela conecta o estacionamento à recepção do hotel; ou ele esperou pelo elevador. No entanto, isso foi no sábado e, em Las Vegas, aos sábados, nas primeiras horas da noite, os elevadores são lentos em toda parte. Uma vez dentro do cassino, Levi desceu as escadas com carpete vermelho e passou pela recepção das excursões turísticas à sua direita e pelo Roxy Diner's à sua esquerda, onde um DJ toca rock dos anos 50 e os garçons e garçonetes cantam. Porque era sábado e começo da noite no Roxy's, "o lugar devia estar cheio", diz o garçom Johnny Pot Roast, que afirma ter trabalhado naquela noite. "E é possível que eu estivesse cantando 'Grease Lightning', porque é uma música cheia de energia e é disso que a gente precisa numa noite de sábado." Quando Johnny começa a cantar, as garçonetes sacam microfones do bolso do avental e sobem nas divisórias entre as mesas do restaurante. Elas acenam com os blocos de pedido e dançam sem sair do lugar enquanto os clientes levam garfos cheios de batata até a boca e Johnny dá um salto para cair de joelhos, mantendo os olhos fechados enquanto estende o *ing* na longa e aguda nota final de "*lightning*". Levi passou pelas 48 mesas de cartas e pelos 1.200 caça-níqueis do cassino, alguns deles receberam nomes de programas populares da televisão americana – Jeannie É um Gênio, Roda da Fortuna e Guerra, Sombra e Água Fresca – e alguns receberam nomes de produtos americanos populares – Spam, Harley-Davidson, o jogo de tabuleiro Battleship – e alguns receberam nomes genéricos – Dinheiro sobrando, O jogo da moeda, Aperte Aperte Aperte – e Levi caminhou na direção da mulher na base da escada rolante que vende cigarros, charutos e colares que funcionam com pilha em uma bandeja pequena abaixo dos seios dependurada em seus ombros. Estão à venda um colar com uma estrela azul, um colar com uma esfera vermelha e um colar com uma cruz amarela, cada um deles fica aceso o tempo todo ou pisca aleatoriamente, ou ainda pode ser programado "para refletir seu estado de espírito!". Amy, que estava trabalhando naquela noite, sabe que Levi não comprou nada porque ela teria se lembrado de um garoto comprando um colar, disse ela. "Normalmente, os caras compram esse tipo de coisa para usar em festas e sempre pergunto aonde eles vão porque eu também curto festas." Ele subiu a escada rolante. Levi teria entrado na fila da bilheteria para comprar um ingresso que permite subir até o topo da torre do hotel. Porque era sábado e início da noite, no entanto, a fila deveria estar longa na bilheteria. Levi teria esperado em meio a pochetes, panças, potes abertos e chinelos de dedo, e teria percebido os anúncios luminosos atrás da bilheteria falando do concerto de Billy Ray Cyrus em setembro, ou do Combate Imperdível de Pesos-Pesados do Boxe em novembro, ou do Novo Programa Cofrinho de Reembolso Garantido, que paga 15% do valor perdido nas máquinas, e teria comprado o ingresso em um dos três caixas da bilheteria por 4 dólares e não por seis, porque ele era um residente de Las Vegas, e por fim teria andado na direção do elevador da torre no outro extremo da Torre de Lojas, o shopping do Stratosphere. Passando pela Bandeiramania. Pela Alpaca do Pete. Pela Fabulosa Loja de Mágicas de Las Vegas, pela Muralha de Ímãs, pelo Padrinho de Ouro, um quiosque que vende correntes de ouro por metro. Levi passou pela Aqua Massage. Pela Häagen-Dazs. Pelas Tatuagens Temporárias de Hena com Aerógrafo. Pela Perfumania, pela Terra do Couro, pelos Mais Presentes, pela Arcada. Por BREVE AQUI MAIS UMA LOJA EMOCIONANTE. Pelo quiosque de bonés bordados Borda na Hora. Pelo SOPRO DE LIQUIDAÇÃO das Velas Vegas! Pela Wetzel's Pretzels, pela Joalheria da Cleo e pelo Empório Cassino do CJ, que vende caça-níqueis "clássicos de 1991" por 4.995 dólares. Levi passou pelo Respire, um bar de oxigênio, onde você pode "reanimar o corpo, renovar o espírito, relaxar a mente e se sentir mais vivo" por 15 dólares a dose de 15 minutos, e como cortesia você pode escolher um dos 18 aromas de oxigênio, entre eles: nirvana, melancia, clareza, pêssego, sublime, cappuccino, sinergia, sonho, chocolate, eclipse, reavivar e tangerina. As garotas do Respire não se lembram de Levi passar pelo bar naquela noite, mas se lembram de ter ouvido falar da queda assim que ela ocorreu. "Só quero dizer", disse Jenny, que administra o bar, "que é terrível quando acontece uma coisa dessas, mas tenho certeza de que ele não tinha usado oxigênio quando isso aconteceu". Levi terminou de percorrer o shopping e desceu uma rampa para entrar na fila. Porque era sábado e início da noite, no entanto, deveria haver uma fila enorme ao longo de um cercado de corda que dava quatro ou cinco voltas e terminava entrando no shopping. Por fim, o segurança Harold teria perguntado a Levi se ele tinha alguma coisa de metal nos bolsos e, porque ele tinha, Levi teria colocado as chaves do carro em um balde branco do Stratosphere usado para carregar moedas dos caça-níqueis, atravessado o detector de metais, pegado as chaves e cruzado um saguão estreito para esperar pelo elevador da torre. Porque era sábado e início da noite, no entanto, o grupo com o qual Levi ficou na fila teria esperado bastante tempo no saguão. Com o lugar cheio de gente, abafado e iluminado por uma luz amarela, no longo intervalo de espera, Levi pode ter olhado por sobre a balaustrada e visto, um nível abaixo, a área de entretenimento do Stratosphere, chamada de Strat-O-Fair, um corredor de jogos ao lado da piscina do hotel. Existe o jogo de arremesso de bolas chamado "Gato Escaldado" e o jogo de arremesso de argolas chamado "Fora da Órbita" e um touro mecânico monte-por-sua-conta-e-risco chamado "Vegas Cowboy": "Perigo! Touro mecânico projetado para simular os movimentos de um touro de verdade. São grandes as chances de um montador ser arremessado do e/ou ser atingido pelo touro mecânico. O touro mecânico é uma máquina pesada que – de modo violento e imprevisível – gira e torce o montador em alta velocidade. Você precisa ter pelo menos 13 anos de idade para montar o touro!". Levi entrou no elevador. Uma vez dentro, ele teria sido cumprimentado por uma jovem, talvez tenha sido Caroline, que estaria de calças pretas e uma camisa polo rosa e azul petróleo do Stratosphere, e que teria anunciado, assim que as portas estivessem fechadas, que Levi e as outras 25 pessoas da lotação máxima do elevador logo atingiriam a velocidade de 566 metros por segundo rumo ao topo da torre do Stratosphere, muito embora elas viajassem apenas 261 metros até o topo da torre do Stratosphere, juntas, em um elevador de dois andares no qual estariam tão próximas umas das outras que teria sido impossível para elas contarem as pessoas ao redor, algumas delas talvez estivessem bêbadas, algumas talvez estivessem falando em cima da apresentação da operadora do elevador durante a subida, e algumas talvez tenham interrompido a operadora para perguntar, várias vezes na mesma viagem, em meio a risadinhas, quantas vezes por dia ela sobe e desce no equipamento. Levi teria saído do elevador e seguido pelo corredor de luz azul no primeiro dos dois níveis do deque de observação da torre, e passado por uma loja fechada de presentes, pelo bar, pela estação de rádio que não transmitia coisa alguma havia anos, até chegar ao recinto circular e acarpetado do deque, onde as janelas do piso ao teto são inclinadas para o lado de fora, de modo que os visitantes, ao olhar para a cidade lá embaixo, com os pés colados ao vidro, talvez experimentem o que um comunicado de imprensa divulgado antes da inauguração do hotel, em 1994, chamou de "queda livre". Levi subiu a escada para o lado de fora. Era sábado e início da noite, e havia bastante gente por ali. Algumas crianças corriam pelo deque de concreto da torre. Alguns adultos olhavam pelos telescópios que funcionam com moedas, confirmando que eles não funcionam a menos que você deposite uma moeda. Algumas pessoas de idade se agarravam à cerca de arame do deque, apertando mais forte toda vez que um helicóptero passava por perto. Levi caminhou para a esquerda, no sentido Leste, ganhando distância de onde o sol começava a se pôr e se apoiou um pouco na cerca de arame com 1,2 metro de altura enquanto uma noiva e um noivo tiravam fotos um do outro, da vista e dos últimos 90 metros de altura da torre acima. Levi passou pela cerca de 1,2 metro, pisou no que os seguranças do Stratosphere chamam de "fosso", um espaço de concreto com 1,8 metro de largura entre a cerca de 1,2 metro no perímetro interno do deque e a cerca de 3 metros na beira do perímetro, depois Levi escalou a cerca de 3 metros de altura e sentou-se. Era sábado e início da noite, e um alarme disparou no gabinete de segurança do hotel. Levi ficou sentado na beirada por 48 segundos antes que qualquer pessoa no deque se aproximasse. Agora, o sol desapareceu. Sábado à noite. E o vale onde Levi cresceu se iluminou, e se iluminou até as invisíveis montanhas negras ao redor dele, a barreira que manteria para sempre a cidade no formato que tinha agora. O segurança Frank se aproximou de Levi pela esquerda, a Leste, e disse: "Ei"; ou disse: "Ei, menino"; ou disse: "Menino, não"; ou não disse nada e foi só a presença dele que fez Levi virar a cabeça para a esquerda, ficar de pé na beirada, acenar para o segurança – que não aparece nas imagens do vídeo que mostra Levi acenando – e pular.

Agradecimentos

Muito obrigado à nossa editora, Jill Bialosky, pela confiança no projeto e pela coragem que demonstrou ao assumi-lo. A Alison Liss pela elegância notável no processo de dar forma a este livro. E ao agente Matt McGowan pelo apoio que deu desde o início.

Obrigado também a John Sullivan, ex-editor da *Harper's*, responsável por encomendar o ensaio que deu origem ao projeto. A Andrew Leland, ex-editor da *Believer*, por lidar com os transtornos de finalmente publicar o ensaio. E um obrigado especial a Heidi Julavits, sem dúvida a editora mais genial e generosa da nossa geração, por agarrar a ideia de publicar o ensaio e nunca desistir dela – durante longos sete anos.

E agradecemos a Gail e Levi Presley por autorizar a publicação deste livro. A coragem e a sinceridade ao abordar não apenas a morte do filho, mas a epidemia de suicídio que aflige Las Vegas, é uma virtude extraordinária – ainda que Las Vegas não esteja pronta para isso. Eles merecem nosso respeito e nosso amor.

Para Levi Presley

Os direitos autorais deste livro serão doados para uma bolsa de estudos criada em homenagem a Levi na Academia Faixa Preta da ATA (Associação Americana de *Tae kwon do*) Pino e Bantam, em Las Vegas, um estúdio de *tae kwon do* administrado pelo melhor amigo de Levi e pela mãe do melhor amigo. A bolsa de estudos dará às crianças carentes de Las Vegas a chance de descobrir um esporte que Levi amava.

Sobre os autores

John D'Agata é autor de *About a Mountain* [Sobre uma montanha] e *Halls of Fame* [Salões da fama], e editor de *The Next American Essay* [O próximo ensaio americano] e *The Lost Origins of the Essay* [As origens perdidas do ensaio], todos inéditos no Brasil. Ele dá aulas de escrita criativa na Universidade de Iowa, em Iowa City, cidade onde vive.

Jim Fingal atuou como checador de fatos por vários anos para a revista *The Believer* e para a editora *McSweeney's*, onde trabalhou nos livros *What is the What* [O que é o quê], *Surviving Justice* [Sobrevivendo à justiça], *Voices from the Storm* [Vozes da tempestade], entre outros. Ele vive em Cambridge, Massachusetts, onde desenvolve *softwares*.